EL PRÍNCIPE
Comentado por Napoleón Bonaparte

NICCOLÒ MACHIAVELLI

El Príncipe
Comentado por Napoleón Bonaparte

Mestas
ediciones

CLÁSICOS UNIVERSALES

EDICIÓN ÍNTEGRA

Título original: *Il Principe,* 1552
                    Machiavel commenté par N^on Buonaparte.
                    Manuscrit trouvé dans la carrose de Buonaparte,
                    après la bataille de Mont-saint-Jean, le 18 juin 1815,
                    1816
© De la traducción: Marina Massa-Carrara
Ilustración cubierta: Andrea di Francesco di Cione (il Verrocchio),
                    Retrato de Escipión, h. 1470-1480
© De la colección: Proyectos Ánfora, 1999
© De esta edición: JORGE A. MESTAS, Ediciones Escolares, S. L.
                    Avenida de Guadalix, 103
                    28120 Algete (Madrid)
                        Tel. 91 886 43 80
                        Fax: 91 886 47 19
                        E-mail: jamestas@arrakis.es
                        www.mestasediciones.com

ISBN: 978-84-89163-36-2
Depósito legal: M-32555-2011
Impreso en España por: Gráficas Rógar, S. A.
Pol. Industrial Alparrache, C/ Mina del Cotorro.
28600 Navalcarnero - Madrid
Printed in Spain - Impreso en España

Primera edición: *marzo, 1999.*
Segunda edición: *mayo, 2000.*
Tercera edición: *octubre, 2001*
Cuarta edición: *noviembre, 2002.*
Quinta edición: *junio, 2004.*
Sexta edición: *marzo, 2006*
Séptima edición: *noviembre, 2007.*
Octava edición: *junio, 2009*
Novena edición: *julio, 2011*

INTRODUCCIÓN

El Príncipe es un libro que no pasa de moda. Es un clásico más que un best-seller. Aparecen nuevas ediciones y grandes estadistas encuentran sus virtudes literarias y estratégicas en esta obra. Silvio Berlusconi, ex-presidente del Consejo de Ministros de la República italiana, así presentaba esta obra, como regalo de Navidad en 1992, a sus amigos y colaboradores: *"El Príncipe* es el primer clásico del pensamiento político moderno, referencia durante generaciones de estadistas y diplomáticos. La obra fue concebida como un conjunto de reflexiones del autor sobre el arte de conquistar y conservar el poder en un principado.

"El primer mensaje revolucionario es el de la concreción: "me ha parecido más conveniente ir directamente a la verdadera realidad de la cosa que a la representación imaginaria de la misma". De esta forma, libre de todo tipo de obstáculos, Machiavelli saca de su cultura histórica y de la observación de los grandes de la época las reglas en las que se debe inspirar la acción del perfecto príncipe. La regla fundamental es la de la implacable, absoluta tensión hacia el objetivo del poder, con una subordinación férrea de todas las acciones a este fin, actuando al margen del dominio de la moral, si fuera necesario.

"Con estas premisas, basándose en un conocimiento magistral de los hombres, Machiavelli dirige al príncipe consejos sobre el comportamiento en cada una de las situaciones en las que se puede encontrar. El resultado es un "corpus" de normas y sugerencias que conserva incluso en nuestros días una singular validez no sólo para los poquísimos que se encuentran en los vértices de la pirámide del poder, sino en general para todos los que tienen puestos de responsabilidad.

"Si Maquiavelo pretendió reprobar sutil y solapadamente, por contraste, las conductas y los procedimientos que aconsejaba, resultó en verdad que muchos gobernantes de entonces y después las observaron puntualmente. De manera deliberada o inadvertida, se apoyaron en el famoso libro que ha proyectado su influencia hasta nuestros días. Una influencia que, por desgracia, tiene su fundamento en la propia naturaleza de los hombres y marca profundamente a quienes aspiran a alcanzar el poder, ejercerlo a su manera, conservarlo sin reparar en procedimientos y tratar de concentrarlo en sí mismos sin compartirlo con nadie." Así lo sintetiza Sabino Fernández Campo, ex-Jefe de la Casa Real de España.

Niccolò Machiavelli nació en Florencia el 3 de mayo de 1469, en el seno de una familia de origen noble venida a menos. Su padre era jurisconsulto, pero su situación económica no resultaba nada boyante. Su madre amaba la poesía y hacía versos con facilidad. Se dice que en 1494 se puso bajo la dirección de Marcello di Virgilio, profesor de literatura griega y latina. Cinco años más tarde fue nombrado secretario de la segunda cancillería de la república florentina, cargo que desempeñó durante catorce años, hasta la vuelta de los Medici. Conocía, como simple ciudadano, la llegada de Carlos VIII a Italia, acontecimiento que supuso la expulsión de los Medici de Florencia y la sustitución de este "señorío" por la república de Savonarola, que cae precisamente en 1498. Su trabajo al frente de la secretaría consistía en la correspondencia oficial tanto de política interna como externa: redacción de las actas de sesiones y de los tratados internacionales. Pero pronto el gobierno de Florencia le extendió las atribuciones y le encargó de veintitrés legaciones extranjeras y comisiones ante las ciudades dependientes de la república. Sus misiones diplomáticas irán acompañadas de su correspondiente testimonio escrito, y a través de éstos se ve cómo se va formando su pensamiento político. Primero conoce las causas de la fuerza y del prestigio francés. Más tarde, al entrar en contacto con el hijo de Alejandro VI, Cesare Borgia, se da cuenta de que la acción, la eficacia, en una palabra el éxito, contrastan con la incapacidad resolutiva de la república florentina que anuncia una no muy lejana desaparición. Acude, en calidad de mandatario, al cónclave del que saldría elegido papa Julio II, enemigo del Valentino. Y en su misión a Alemania, en 1507, para tratar con el emperador Maximiliano sobre su coronación imperial en Roma, saca la idea de que el estado se tiene que fundamentar en una fuerza propia. A su vuelta, se da cuenta de que los estados italianos se están desmoronando. En una nueva misión a París, en julio de 1510, intenta mediar entre el papado y Francia, pero fracasa. Y, aunque no pudo asegurar la independencia de su patria, nadie le puede negar la gloria de haber trabajado en esta noble empresa con todo el poder de su ingenio y de sus relaciones. Atemorizado por los males que amenazaban a su país y reconociendo que uno de los mayores obstáculos era la supuesta necesidad de confiar la seguridad del estado en manos mercenarias, que le inspiraban más miedo que seguridad, quiso sustituir las tropas a sueldo con milicias reclutadas entre los conciudadanos, medida considerada muy atrevida para esa época. Sin embargo el papa y el emperador querían restablecer a los Medici en Florencia, y las circunstancias eran favorables, porque estaba gobernada por Soderini, hombre presuntuoso y sin convicciones, unido obstinadamente a Francia. El 16 de setiembre de 1512 los partidarios de los Medici entran en Florencia poniendo fin a la república. Y también acaba la actividad política de Machiavelli. Antes de retirarse forzosamente a San Casciano, sufre la cárcel y la tortura por figurar entre los rebeldes de una conjura contra los Medici.

Este retiro obligado supone la reflexión sobre su experiencia del mundo y de los hombres que ha conocido. Escribe *El Príncipe* y los *Discuros sobre la primera década de Tito Livio*. También de esta época es la composición de *La mandrágora,* comedia que llegó a representarse con gran éxito en vida del autor. Estas obras reproducen las constantes de *El Príncipe:* inteligencia, astucia, ironía, fortuna, virtud y la exposición lúcida de los hechos. En 1502 escribe *El arte de la guerra,* en el que destaca la lección de la historia como base de la ciencia política, y *La vida de Catruccio Castracane,* modelo de príncipe, y prueba, una vez más, la ineficacia de la virtud frente a la fortuna.

Pero Machiavelli no se resigna a su inactividad pública, y en 1520 se le nombra historiador oficial del "señorío", y se le encarga la elaboración de las *Historias florentinas,* que le exigen un difícil equilibrio, ya que intenta contener el elogio servil a los Medici y responder a la verdad de la historia.

En mayo de 1527 Roma sufre el saqueo de las tropas del emperador Carlos V y Florencia expulsa a los Medici. Se reinstaura la república, pero Machiavelli no consigue ser elegido secretario del consejo. Y muere el 22 de junio.

En una carta que Machiavelli escribió a su amigo Francesco Vettori le cuenta el contenido de *El Príncipe*.

"Magnífico señor: [...] Durante cuatro horas no siento nada, olvido todas las penas, me alejo de la pobreza y ni me asusta la muerte; me pego a ellos (a las experiencias de los hombres antiguos), y como dice Dante "no habrá ciencia si no se retiene lo que se ha oído", yo he notado que tenía un capital en sus conversaciones, y he compuesto una obra sobre los principados, extendiéndome lo más que he podido por el profundo conocimiento que he adquirido del asunto. Examino lo que es un principado, en qué consiste, y sus clases; cómo se adquieren, cómo se conservan y cómo se pierden. Si alguna vez os han alagado mis caprichos, éste no os disgustará: tiene que ser grato a un príncipe, y sobre todo a un príncipe nuevo. Por eso se lo he dedicado al Magnífico Lorenzo [...] He hablado con Casavecchia de mi libro, y le he preguntado si le parecía bien que lo diese a la luz o no lo diese, y, en caso de darlo, si convendría que yo lo llevase o se lo mandase. Si permito publicarlo, todo me hace pensar naturalmente que Lorenzo no lo leerá, pero que Ardinghelli se sentirá orgulloso de mi trabajo. Sin embargo la necesidad me obliga a darlo a conocer, pues me arruino, y no puedo estar así durante mucho tiempo sin que la pobreza se me haga insoportable. Yo desearía que los Medici me diesen trabajo, aunque sólo fuera hacer rodar una piedra; y si no consiguiera su aprobación, podría quejarme de mí. Por este trabajo, si merece el elogio, se verá que he pasado quince años estudiando el arte de gobernar, que no he perdido el tiempo en dormir y en divertirme, y que todo el mundo pagaría por adquirir la experiencia a costa del prójimo. No deberían dudar de mi fe, pues, habiéndola guardado siempre, no puedo aprender ahora a romperla. El que ha sido fiel y bueno durante 43 años (esa edad tengo) ya no va a cambiar de naturaleza. Mi indigencia atestigua mi fidelidad y honradez. Desearía que me escribieseis sobre este punto, y me recomiendo a vos. Sed feliz.

Florencia, 10 de octubre de 1513, Niccolò Machiavelli."

El Príncipe, antes de ser impreso, circuló manuscrito entre sus contemporáneos y no suscitó ningún escándalo. Fue impreso con un privilegio del papa Clemente VII, dado el 20 de agosto de 1531.

"He pasado quince años estudiando el arte de gobernar" lo concentra en un "corpus" de veintiséis capítulos. De éstos, veinticuatro constituyen el cuerpo dedicado al arte del estado; los dos restantes son la dedicatoria y la exhortación final, en la que reclama con indiscutible acaloramiento la necesidad de la unidad nacional de Italia y su liberación del dominio extranjero.

Toda la materia de este tratado se organiza en torno a dos ejes fundamentales:

1) *Tipos de principado y formas de llegar al poder* (cap. I-XI).

Machiavelli distingue tres tipos de principados: los hereditarios (cap. II), los nuevos o mixtos (cap. III) y los eclesiásticos (cap. IX), pero centra el objeto de la investigación en los nuevos o mixtos, pues la complejidad de los mismos le resulta muy atractiva, ya que son reflejo de la misma realidad. Y para demostrar la imprevisibilidad de los acontecimientos y, por tanto, la imposibilidad de establecer una leyes fijas y universales, recurre a la figura de la "fortuna", fuerza irracional que desbarata lo que el hombre con su capacidad racional (virtud) intenta organizar. Así, el príncipe sólo puede conquistar el poder si confluyen en él tres elementos: la virtud, la fortuna y la ocasión como fuerza mediadora entre ambas (cap. VI).

2) *Conservación del poder* (cap. XII-XXIV).

Una vez que el príncipe ha conseguido el gobierno de un nuevo principado, debe preocuparse de su conservación. Y en esta parte Machiavelli hace un análisis de la política de defensa del estado (cap. XII-XIV), las características personales del príncipe (cap. XV-XVIII) y los consejos para gobernar (cap. XIX-XXIII). El autor considera fundamental la fuerza de los ejércitos como expresión del poder del príncipe, y reivindica la autonomía militar; el príncipe debe destacar más por su eficacia que por su virtud, más en parecer que en ser, utilizar la fuerza del león y la astucia de la zorra (cap. XVIII) e insiste en la preocupación por su imagen pública, basada en sus buenas relaciones con el pueblo y no tanto con las minorías. En los últimos capítulos (cap. XIX-XXIII) da unos consejos para gobernar: cómo tienen que ser las defensas externas (fortalezas), la conveniencia de huir de los aduladores e insiste en el tino a la hora de elegir los ministros y colaboradores adecuados, pues en ello se encuentra la inteligencia y el prestigio del príncipe.

NICCOLÒ MACHIAVELLI

El abad Aimé Guillon publica en 1816, en París, un libro titulado *Machiavel commenté par N^{on} Buonaparte. Manuscrit trouvé dans la carrosse de Buonaparte, après la bataille de Mont-saint-Jean, le 18 juin 1815* [Machiavelli comentado por Napoleón Bonaparte. Manuscrito encontrado en la carroza de Bonaparte, después de la batalla de Mont-saint-Jean, el 18 de junio de 1815]. Tiene noticias de este documento por las revelaciones de periódicos extranjeros no especificados.

Bastan pocas razones para justificar la falsedad de la autoría:

—nunca se menciona el manuscrito autógrafo, ya que el mismo Guillon dice que ha trabajado con "copias";

—esa "copia" manuscrita ha desaparecido;

—toda la operación se realiza en muy poco tiempo: saqueo de Waterloo, 18 de junio de 1815; noticia en periódicos extranjeros e inicio de la búsqueda: mitad de julio de 1815; introducción: 18 de setiembre de 1816, casi en el aniversario. Y en medio deberían haber tenido lugar las pesquisas en una Europa en ruinas; la preparación de la voluminosa copia, el estudio de la misma y la preparación de una larga introducción.

Aimé Guillon (1758-1842) tenía todas las cartas en regla no sólo para publicar un falso comentario, sino también para dejar rastros de esta operación, haciendo referencias de su cosecha, como el problema de la imposición del francés en Piamonte. Se puede hablar de operación inteligente, pues en el contexto lanza inequívocas señales de la falsedad, pero acaba reconociendo "hijos del mismo padre a los fogosos pensamientos escapados de su ánimo alborotador", en sí creíbles por la común experiencia con uno convertido "de particular en príncipe" y recalcando pensamientos, expresiones o escritos del mismo Napoleón. Sin bajar al detalle de resaltar los distintos estilos de Napoleón en los diversos momentos de sù ascensión (las notas se deberían a cuatro períodos, indicados con la letra inicial: *Generalato, Consulazgo, Imperio* e *Isla de Elba*).

Este texto es un Jano bifronte. Por una parte, un texto "interno", un pseudodiario para dar ritmo a las fases de la escalada al poder y de su conservación, hasta los primeros zarpazos de la caída. Y por otra, un texto "externo", ese modo de ejercer la lucha política que, al abrigo de Napoleón, ha producido textos, libelos y libros de memorias, a menudo interesantes.

MARINA MASSA-CARRARA

NICOLAUS MACLAVELLUS AD MAGNIFICUM
LAURENTIUM MEDICEM*

En la mayoría de los casos, los que desean gozar de la simpatía de un príncipe se suelen acercar a él con aquellas cosas que consideran más preciadas, o con las que ven que le gustan más; de aquí que muchas veces vemos que le ofrecen caballos, armas, tejidos de oro, piedras preciosas y adornos parecidos, dignos de su grandeza. Así pues, deseando ofrecerme a Vuestra Magnificencia con algún testimonio de mi devoción, no he encontrado entre mis pertenencias nada que considere de más valor o tanto estime como el conocimiento de las acciones de los hombres ilustres, que he adquirido a través de una larga experiencia de las cosas modernas y una continuada lectura de las antiguas: las cuales, después de haberlas meditado y examinado con gran diligencia durante largo tiempo, ahora envío, recogidas en un pequeño volumen, a Vuestra Magnificencia. Y, aunque juzgue esta obra indigna de seros presentada, confío por otra parte en que la aceptéis por vuestra humanidad, al tener presente que no puedo ofreceros mayor don que el de daros la posibilidad de conocer en brevísimo tiempo todo lo que yo, en tantos años y con tantas incomodidades y peligros, he conocido. No he adornado esta obra ni la he llenado de grandes cláusulas, de palabras ampulosas y solemnes, ni de cualquier otro artificio o adorno externo con los que muchos suelen describir o adornar sus cosas[1]; porque he que-

---

* NICCOLÒ MACHIAVELLI al MAGNÍFICO LORENZO DE MEDICI [1].
[1] Como Tácito y Gibbon. G.

rido o bien que nada lo distinga o que solamente la varie-
dad de la materia y la gravedad del argumento la hagan gra-
ta. Y no quiero que se juzgue presunción el que un hombre
de baja e ínfima condición se atreva a examinar y a dar normas sobre el gobierno de los príncipes; porque, así como
aquéllos que pintan paisajes se colocan en un plano inferior para contemplar la naturaleza de los montes y de los
lugares altos, y para contemplar la de los bajos se sitúan en
los montes[1], de la misma forma, para conocer bien la naturaleza de los pueblos, es necesario ser príncipe, y para conocer bien la de los príncipes hay que pertenecer al pueblo.

Así pues, reciba Vuestra Magnificencia este pequeño don
con el mismo ánimo con el que yo os lo envío; en él, si lo
examináis y leéis diligentemente, conoceréis un profundo
deseo mío: que alcancéis esa grandeza que la fortuna y las
demás cualidades vuestras os prometen. Y si Vuestra Magnificencia, desde la cúspide de su elevado sitial, baja alguna vez su mirada hacia estos humildes lugares, conocerá
cuán inmerecidamente padezco una desmedida y continua
adversidad de fortuna.

---

[1] *Desde ahí he empezado yo, y así hay que empezar. El valle se conoce mucho mejor cuando, más tarde, se alcanza el pico de la montaña.* C.

I. QUOT SINT GENERA PRINCIPATUUM ET QUIBUS MODIS ACQUIRANTUR*

Todos los estados, todos los dominios que han tenido y tienen imperio sobre los hombres han sido y son o repúblicas o principados. Los principados, o son hereditarios, es el caso de aquéllos en los que el linaje de su señor ha sido durante largo tiempo príncipe, o son nuevos. Y los nuevos, o son totalmente nuevos[1], como lo fue Milán para Francesco Sforza [2], o son como miembros añadidos al estado hereditario del príncipe que los adquiere, como es el reino de Nápoles para el rey de España [3]. Los dominios adquiridos de este modo, o están acostumbrados a vivir bajo un príncipe, o están habituados a ser libres; y se adquieren o con las armas de otros o con las propias, por fortuna o por virtud [4].

---

* DE CUÁNTAS CLASES SON LOS PRINCIPADOS Y DE QUÉ MODO SE ADQUIEREN.
1 *Así será el mío, si Dios me concede una larga vida.* G.

II. DE PRINCIPATIBUS HEREDITARIIS*

Omitiré reflexionar sobre las repúblicas, pues ya lo hice por extenso en otra ocasión [5]. Me ocuparé sólo del principado[1]; iré desarrollando los puntos a los que me referí antes y someteré a examen la forma en que estos principados se pueden gobernar y conservar.

Así pues, digo que, en los estados hereditarios y acostumbrados al linaje de su príncipe, las dificultades para mantenerlos son bastante menores que en los nuevos[2], porque basta con no descuidar el orden establecido por sus antepasados y reaccionar ante los imprevistos según las circunstancias; de modo que, si un príncipe tiene una destreza normal, se mantendrá siempre en su estado, a no ser que una fuerza extraordinaria y excesiva lo prive de él; y, aunque sea privado de él, apenas le suceda cualquier adversidad al usurpador, lo recuperará[3].

_____

* DE LOS PRINCIPADOS HEREDITARIOS.

[1] *Por mucho que digan es lo único bueno que hay; hasta un nuevo orden hay que cantar en ese tono.* G.

[2] *Intentaré remediarlo convirtiéndome en el decano de los soberanos europeos.* G.

[3] *Ya veremos. Me favorece el hecho de no habérselo quitado a un príncipe, sino a un irresponsable trapacero de republicanismo. Lo odioso de la usurpación no radica en mí. Charlatanes bien pagados por mí ya han difundido la consigna: "Él ha destronado a la anarquía." Mis derechos sobre el trono de Francia no están mal demostrados en la novela de Lemont [ey]. En relación con el trono de Italia necesito una explicación de Montga [illard]. Es lo que quieren los italianos, les encanta discutir. A los franceses les basta una novela. El pueblo bajo, que no lee, ya escuchará las homilías de los obispos y curas ordenadas por mí, y también mi catecismo aprobado por el legado pontificio. No podrán resistir a esta magia. No me falta nada, el papa ha coronado mi frente imperial. En este sentido aparezco mucho más inamovible que cualquier Borbón.* I.

CAPÍTULO SEGUNDO

En Italia tenemos como ejemplo al duque de Ferrara [6], que no supo resistir los ataques de los venecianos en 1484 y los del papa Julio en 1510 por una sola razón: por ser antiguo en ese dominio. Porque el príncipe legítimo será, lógicamente, más querido porque no tiene razones ni necesidad de agraviar a su pueblo, y, a no ser que tenga vicios extraordinarios que lo hagan odioso, es razonable que normalmente sea apreciado por sí mismo.

Y con la antigüedad y con la continuación del dominio se apaga el recuerdo y las razones de las innovaciones, ya que un cambio siempre deja allanado el terreno para la edificación de otro[1].

---

[1] *¡Cuántos argumentos se abandonan! Los míos siguen todos en pie; y conviene que no falte ninguno para no perder ninguna esperanza. Se encontrarán mis águilas, mis N., mis bustos, mis estatuas, quizá incluso la carroza imperial de mi coronación. Todo esto sigue hablando en favor mío a los ojos del pueblo y les hace recordarme.* I. E.

III. DE PRINCIPATIBUS MIXTIS*

Pero en el principado nuevo radican las dificultades, sobre todo si no es del todo nuevo, aunque lo sea en tanto miembro de otro, de forma que casi podemos llamarle mixto[1]. Los cambios nacen, en principio, de una dificultad natural que existe en todos los principados nuevos: la de que los hombres cambian con gusto de señor creyendo mejorar. Y esta creencia les hace levantarse en armas contra aquél, con lo cual se engañan, porque, por propia experiencia, se dan cuenta de que han empeorado. Lo cual proviene de otra necesidad natural y normal, la de ofender siempre tanto por medio de las tropas como de la infinidad de injurias que lleva consigo la nueva adquisición a aquéllos de los que uno se convierte en nuevo príncipe[2]. De modo que tienes como enemigos a todos aquéllos a los que has ofendido al ocupar ese principado, y no puedes mantener como amigos a los que te pusieron en él, pues no les puedes satisfacer en la medida en que se habían imaginado ni utilizar medicinas fuertes en su contra debido a las obligaciones contraídas[3] con ellos; porque siempre, incluso cuando se poseen ejércitos poderosos, necesita la benevolencia de los provincianos para entrar en una provincia. Por esta razón, Luis XII [7], rey de Francia, ocupó rápidamente Milán y rápidamente la perdió[4]. La primera

---

* DE LOS PRINCIPADOS MIXTOS.

[1] *Como será mi dominio sobre Piamonte, Toscana, Roma, etc.* C.

[2] *Esto importa poco, lo justifica el éxito.* C.

[3] *¡Bribones! Esta verdad me la echan en cara con crueldad. Me sacrificaría, si no tuviese que llegar a desembarazarme de su tiranía.* I.

[4] *Los austro–rusos no me lo habrían quitado, si en 1798 me hubiese quedado.* C.

vez bastaron para arrebatársela las fuerzas de Ludovico, pues los pueblos que le abrieron sus puertas, al verse engañados en sus ideas y en el buen futuro que habían imaginado[1], no podían soportar los inconvenientes del nuevo príncipe.

Y es verdad que, al conquistarse por segunda vez los países rebelados, se pierden con más dificultad; porque el señor, aprovechando la oportunidad de la rebelión, tiene menos miramientos a la hora de castigar a los delincuentes, identificar a los sospechosos y apuntalar los puntos más débiles[2]. De tal forma que, si para que Francia perdiera Milán la primera vez bastó un duque Ludovico que instigase en las fronteras, para que la perdiera la segunda fue necesario que todo el mundo estuviera en contra, y que sus ejércitos fueran aniquilados o huyeran de Italia[3] [8]. Y esto sucedió por lo dicho antes. No obstante, tanto la primera como la segunda vez, se la arrebataron. Las razones generales de la primera vez ya se han expuesto; faltan por exponer las de la segunda, y ver qué remedios tenía y cuáles puede tener uno en su misma situación, para poder mantener mejor la adquisición que había conseguido Francia[4]. Por tanto digo que estos estados que, al adquirirse, se añaden a un estado antiguo perteneciente a aquél que los adquiere, o son de la misma provincia y de la misma lengua o no lo son. Cuando lo son, es muy fácil conservarlos, sobre todo cuando no están habituados a vivir libres[5]; y para poseerlos de forma segura basta con acabar con la línea del príncipe que los dominaba[6],

---

[1] *Al menos yo no había defraudado las esperanzas de los que me abrieron las puertas en 1796.* C.

[2] *Es lo que yo me apliqué cuando conquisté este país en 1800. Preguntad al príncipe Carlos si me he arrepentido.* I.

No entiendo nada de esto; las cosas van según mis deseos. I. E.

[3] *Esto no volverá a suceder.* C.

[4] *Sobre el particular sé más que Machiavelli.* C.

Ellos no tienen ni idea para imaginar remedios. Incluso alguien les aconseja todo lo contrario, mucho mejor. I. E.

[5] *Y aunque lo estuvieran, ya sabría yo someterlos.* G.

[6] *Donde consiga establecer mi dominio no me olvidaré de esto.* G.

porque en lo demás, al mantenerse en sus anteriores condiciones y no haber diferencias de costumbres, los hombres viven tranquilamente, como es el caso de Borgoña, Bretaña, Gasconia y Normandía, que durante tanto tiempo han estado unidas a Francia[1] [9]; y, a pesar de que existan diferencias lingüísticas, las costumbres son semejantes y pueden tolerarse fácilmente entre sí. Quien adquiera estos territorios, para conservarlos debe observar dos principios: uno, cortar la sangre del antiguo príncipe[2], y otro, no cambiar ni sus leyes ni sus tributos[3]; así, en poco tiempo formarán un solo cuerpo con el antiguo principado[4].

Pero hay dificultades[5] cuando se adquieren estados en una provincia con lengua, costumbres e instituciones distintas; en este caso hay que tener fortuna y habilidad para conservarlos. Y una de las mejores y más eficaces soluciones sería que la persona que los adquiere se fuese a vivir a ellos. Esto haría más segura y más duradera su posesión: como ha hecho el Turco con Grecia [10], pues, a pesar de las medidas adoptadas para mantener ese estado, no habría podido conservarlo si no se hubiera ido a vivir allí[6]. Porque, estando allí, se ven nacer los desórdenes y pueden remediarse enseguida; no estando, se tiene conocimiento de ellos cuando ya son de gran magnitud y no tiene remedio. Además, la provincia no viene expoliada por tus oficiales[7], y los súbditos

---

[1] *Bélgica, que lo es desde hace poco tiempo, ofrece un ejemplo muy interesante gracias a mí.* C.

[2] *Esto le ayudará.* G.

[3] *Aquí Machiavelli dice una estupidez. ¿Estaba en grado de conocer tan bien como yo el poder de la fuerza? Yo le daré dentro de poco una lección en sentido contrario y precisamente en su país, en Toscana, y también en Piamonte, Parma, Roma, etc.* I.

[4] *Conseguiré el mismo resultado sin estas precauciones dictadas por la debilidad.* I.

[5] *¡Otra estupidez! ¡La fuerza!* C.

[6] *Lo supliré con virreyes o reyes que sean simples funcionarios míos; actuarán a mis órdenes; en caso contrario, destituidos.* I.

[7] *Por otra parte, si me sirven como a mí me gusta, es bueno que se enriquezcan.* C.

están contentos de poder recurrir al príncipe que esté cerca. Así tienen más motivos para amarlo[1] si quieren ser buenos, y para temerlo si quieren ser de otra manera. Los extranjeros que quieran atacar ese estado lo respetarán más; o sea que, viviendo allí, difícilmente lo perderá[2].

El otro gran remedio consiste en crear colonias en uno o dos lugares, que sean como cadenas de ese estado; porque o haces esto, o has de mantener grandes contingentes de caballería e infantería[3]. En las colonias no se gasta mucho; y casi sin gastos, o muy pocos, se las crea y se las mantiene; y sólo se ofende a quienes les son arrebatados los campos y las casas para dárselos a los nuevos habitantes, que son una parte mínima de ese estado; y los ofendidos, al quedar dispersos y pobres, no les pueden hacer daño nunca[4]; y todos los demás, por un lado se quedarán tranquilos porque no han sido perjudicados, y por otro, temerosos de equivocarse, por miedo a que se les quite a ellos lo mismo que a otros han expoliado[5]. En conclusión: estas colonias no cuestan, son más fieles y ofenden menos; y los ofendidos, como he dicho antes[6], no pueden perjudicar, pues se quedan empobrecidos y dispersos. De esto se deduce que a los hombres se les debe mimar o destruir, porque se vengan de las ofensas ligeras[7], pero no de las graves; así pues, cuando se ofenda a los hombres, se debe hacer de forma que no se

---

[1] *Me basta con que me tengan miedo.* I.

[2] *Conmigo es imposible. El terror de mi nombre equivaldrá a mi presencia.* C.

[3] Ad abundantiam juris [para plenitud del derecho], *se hace tanto uno como otro.* C.

[4] *La observación es muy buena; me puede servir.* C.

[5] *Así me gusta.* C.

[6] *Realizaré este plan en Piamonte, uniéndolo a Francia. Para mis colonias puedo contar con los bienes confiscados antes, y que ya he decidido llamar "nacionales".* G.

[7] *A los míos, por amabilidad, les debo ofender ligeramente, y tengo que sacar ventaja de sus venganzas. ¿Cómo se puede conocer el abece del arte de mandar cuando se ignora que haya diferencia entre disgustar por un motivo pequeño o grande?* I. E.

tema la venganza[1]. Pero, si en lugar de colonias se tienen militares, se gasta más, pues se consumen en la guardia todos los ingresos de ese estado[2], y la adquisición se convierte en pérdida, y se ofende mucho más, pues, desplazando al ejército de un lado para otro, se perjudica a todos, todos se incomodan y todos se convierten en enemigos; y enemigos que pueden hacer daño, porque permanecen vencidos en sus casas[3]. Así pues, esta guardia es tan inútil, desde todos los puntos de vista, como útil la de las colonias.

Además, quien, como ya he dicho, se encuentre en una provincia de distinta lengua, debe convertirse en caudillo y defensor de sus vecinos menos poderosos e ingeniárselas para debilitar a los poderosos[4], y guardarse de que, por cualquier circunstancia, entre en él un extranjero tan poderoso como él. E intervendrá siempre que le llamen los que, por demasiada ambición o por miedo[5], estén descontentos, así fue como los etolios llamaron a los romanos a Grecia, y en todas las provincias en donde entraron fueron llamados por los provincianos[6]. Y pertenece al orden de las cosas que, nada más que entra un extranjero poderoso en una provincia, todos los que son poco poderosos se adhieran a él, movidos por su envidia contra quien es más poderoso que ellos[7]: así, no le costará gran esfuerzo ganarse a los menos poderosos, porque pronto cierran filas en torno al poder que él ha ad-

---

[1] *Esta regla no la he observado muy bien; pero ellos arman a los mismos que ofenden, y los ofendidos me pertenecen. I. E.*

[2] *Con el fin de que haya ingresos para ellos hay que poner mayores impuestos. C.*

[3] *Yo no tengo miedo de ellos cuando les obligo a quedarse allí. Éstos no se alejarán, al menos para coaligarse contra mí. C.*

[4] *Para conseguirlo no hay medio más adecuado que quitarles el poder y apropiarse de sus bienes. Pronto le llegará el turno a Modena, Piacenza, Parma, Nápoles, Venecia, Roma y Florencia. G.*

[5] *Aquí espero a Austria, en Lombardía. G.*

[6] *No estoy convencido de los romanos que se pueden invocar en Lombardía. G.*

[7] *¡Buena ayuda encontraría Austria contra mí entre los mórbidos estados italianos actuales! G.*

quirido[1]. Sólo hay que preocuparse de que no adquieran demasiada fuerza ni autoridad; y, con sus fuerzas y con su favor, puede aplastar fácilmente a los poderosos y convertirse en árbitro de esa provincia[2]. Quien no observe estas normas perderá rápidamente lo que haya adquirido; y, mientras lo posea, se encontrará con infinitas dificultades y molestias[3].

Los romanos observaron estas sabias normas en las provincias que conquistaron. Crearon colonias, mantuvieron a los menos poderosos sin aumentar su poder, sometieron a los poderosos y no dejaron que los extranjeros poderosos adquirieran reputación[4]. Y quiero que baste como ejemplo la provincia de Grecia, en donde sostuvieron a los aqueos y a los etolios, sometieron el reino de los macedonios y expulsaron a Antíoco[5] [11]. Y los méritos de los aqueos o de los etolios nunca les indujeron a permitirles engrandecer su poder[6], ni los argumentos persuasivos de Filipo les convencieron para considerarle amigo sin antes someterlo, ni la potencia de Antíoco pudo hacer que le consintiesen ningún poder en aquella provincia[7]. Porque los romanos hicieron en estos casos lo que todos los príncipes sabios deben hacer: no sólo han de preocuparse de los problemas presentes, sino también de los futuros, y obviarlos con habilidad; porque, si los prevés, los puedes remediar fácilmente; pero, si esperas a tenerlos encima, la medicina no llega a tiempo, porque la enfermedad se ha hecho incurable. Es lo mismo que dicen los médicos de la tisis, que al principio es fácil de curar y difícil de diagnosticar, pero, conforme avanza el tiem-

---

1 *¡Ganármelos! No me costará nada; se les obligará por la fuerza a que formen una unidad conmigo, sobre todo en mi proyecto de* Confederación del Reno. I.

2 *Consejo útil para mis proyectos de Italia y Alemania.* G.

3 *Machiavelli apreciaría el arte con el que he sabido evitarlas.* I.

4 *Basta tener cuidado en denigrarlos en esa provincia.* I.

5 *¿Y por qué no a todos los demás?* C.

6 *No era necesario: los hijos de Rómulo aún necesitaban de mi magisterio.* I.

7 *Es lo que mejor han hecho.* C.

po, al no haber sido identificada ni medicada en un principio, se vuelve fácil de diagnosticar y difícil de curar[1]. De igual modo ocurre con las cosas del estado, porque, si se conocen con antelación (sólo una persona prudente es capaz), los males que nacen en él se curan pronto; pero cuando, por no haberlos conocido, se les deja crecer de forma que todos los distinguen, ya no tienen remedio.

Pero los romanos, previendo los problemas, los solucionaron siempre; y no los dejaron nunca para evitar una guerra, porque sabían que la guerra no se evita, sino que se aplaza con ventaja para los otros[2]. Sin embargo, quisieron hacer la guerra en Grecia contra Filipo y Antíoco para no tenerla que hacer en Italia; y, aunque podían haber evitado tanto la una como la otra, no quisieron. Y a ellos nunca les gustó lo de tener la ventaja del tiempo (en boca de los sabios de nuestra época[3]), sino que escucharon los dictados de su virtud y de su prudencia; pues el tiempo se lleva por delante todo, y puede arrastrar consigo bien como mal, y mal como bien[4].

Pero volvamos a Francia, y examinemos si ha cumplido lo que se ha dicho aquí, y hablaré de Luis y no de Carlos [12], porque, al haber mantenido el primero su poder en Italia [13] más tiempo, se ha visto mejor su evolución. Y veréis que ha hecho lo contrario de lo que se debe hacer para conservar un estado distinto[5].

Al rey Luis lo llamó a Italia la ambición de los venecianos, que, con su venida, quisieron adueñarse de la mitad del estado de Lombardía. No es mi intención censurar esta deci-

---

[1] *Cuando Machiavelli escribió esto tenía el ánimo muy decaído o hacía poco que había visitado a su médico.* I.

[2] *Máxima importante: es necesario que la convierta en una de las principales reglas de mi conducta militar y política.* G.

[3] *Son unos villanos; y, si consejeros de esta calaña se presentaran ante mí, yo les…* C.

[4] *Hay que ser capaces de dominar tanto uno como otro.* G.

[5] *Prescribiré el uso del francés, empezando por Piamonte, que es la provincia más próxima a Francia. Para introducir las costumbres de un pueblo en el extranjero lo más eficaz es difundir su lengua.* G.

sión del rey. Porque, queriendo poner el pie en Italia, y no teniendo aliados en este país, sino al contrario, al habérsele cerrado todas las puertas por el comportamiento del rey Carlos, se vio forzado a hacer las alianzas que pudo[1]. Y la decisión que adoptó habría tenido éxito si en las otras operaciones no hubiese cometido ningún error. Así pues, una vez que el rey conquistó Lombardía, volvió a ganar la reputación que le había quitado Carlos: Génova capituló; los florentinos se hicieron aliados; el marqués de Mantova, el duque de Ferrara, los Bentivoglio, la Señora de Forlì [14], el Señor de Faenza, de Pesaro, de Rìmini, de Camerino, de Piombino, luqueces, pisanos, sieneses, se acercaron a él como aliados[2]. Y los venecianos pudieron considerar la temeridad de su decisión, pues, para adquirir dos tierras en Lombardía, hicieron al rey señor de dos tercios de Italia[3].

Considérese ahora con qué poca dificultad podía el rey haber mantenido su reputación en Italia, si hubiese observado las reglas expuestas y mantenido seguros y protegidos a todos sus amigos, que, al ser muchos y débiles y temerosos, unos de la Iglesia, otros de los venecianos, tenían necesidad de estar a su lado. Y por medio de ellos podría fácilmente haberse mantenido seguro ante quien seguía siendo grande[4]. Pero él, nada más llegar a Milán, hizo todo lo contrario, ayudando al papa Alejandro [15] a ocupar la Romaña. Y no advirtió que con esta decisión se debilitaba a sí mismo (privándose de sus aliados y de todos los que se habían arrojado a sus pies) y engrandecía a la Iglesia[5], aña-

---

[1] *Me resultaba mucho más fácil comprar a los genoveses; y éstos, por especulación financiera, favorecieron mi ingreso en Italia.* G.

[2] *Yo he sabido asegurarme esas ventajas, y no cometeré los mismos errores.* G.

[3] *Los lombardos, a los que he dado la impresión de que voy a dejar el valle de Valtellina, la zona de Bergamo, Mantova, Brescia, etc., al inocular su exaltación republicana, ya me han prestado el mismo servicio. Una vez que sea dueño de su casa, pronto me haré dueño del resto de Italia.* G.

[4] *No tendré necesidad de ellos para conseguir esa ventaja.* G.

[5] *Error mayúsculo.* G.

diendo a su poder espiritual, que tanta autoridad le confiere, tanto poder temporal[1]. Y una vez cometido un primer error, se vio obligado a cometer otros; y para poner fin a la ambición de Alejandro y que no se convirtiese en señor de Toscana, tuvo que venir a Italia [16]. No le bastó engrandecer a la Iglesia y perder a sus aliados, sino que, por ambicionar el reino de Nápoles, lo dividió con el rey de España[2]; y, habiendo sido árbitro de Italia, ahora puso a un socio para que los ambiciosos y descontentos de aquella provincia pudiesen recurrir a él; y, cuando podría haber dejado en aquel reino a un rey tributario[3] suyo [17], lo quitó de allí y puso a uno que podía expulsarlo[4].

El deseo de adquirir es algo muy natural y legítimo; y siempre que los hombres puedan hacerlo serán alabados o no censurados; pero, cuando no pueden y quieren hacerlo, caen en el error y se les censura[5]. Así pues, si Francia podía atacar Nápoles con sus fuerzas, debería haberlo hecho; pero, si no podía, debería haber evitado la partición. Y si, cuando se repartió Lombardía con los venecianos, pudo tener por excusa el haber puesto pie en Italia gracias a éstos, merece censura, sin embargo, si no hay esa necesidad que le disculpara[6].

Así pues, Luis cometió estos cinco errores: destruir a los menos poderosos[7]; acrecentar en Italia el poder de uno que ya era fuerte; introducir en ella a un extranjero poderosísimo; no haber venido a vivir aquí y no crear colonias. Y, sin embargo, estos errores podrían no haberlo perjudicado mientras vivió, si no hubiese cometido el sexto: arrebatarles el po-

---

[1] *Es absolutamente necesario que melle los dos filos de su espada. Luis XII era un estúpido.* G.

[2] *Conseguiré también esto, pero la división que haga no me quitará supremacía: ésta, mi querido José, no me la disputará nadie.* I.

[3] *Como será el que yo coloque.* I.

[4] *Obligado a quitar a mi José, siento cierto miedo de su sucesor.* I.

[5] *A los míos no les faltará nada.* G.

[6] *Se inventa.* G.

[7] *Si no hubiera cometido otros, éste no se consideraría un error.* G.

der a los venecianos[1] [18]. Porque, si no hubiese engrande-
cido a la Iglesia, ni introducido a España en Italia, era muy
razonable y necesario someterlos. Pero, habiendo tomado
aquellas primeras decisiones, no debería haber permitido
nunca la ruina de éstos. Pues, al ser poderosos, habrían mantenido siempre alejados a los demás de la empresa de Lombardía, bien porque los venecianos no lo habrían consentido
sin convertirse ellos en señores únicos, o bien porque los demás no habrían querido quitársela a Francia para dársela a
ellos, y no habrían tenido valor para enfrentarse a ambos[2].
Y si alguien dice que el rey Luis cedió la Romaña a Alejandro y el reino de Nápoles a España para evitar una guerra,
le responderé con las razones que anteriormente he dicho:
que nunca se debe permitir que un desorden continúe para
evitar una guerra; porque no se la evita, sino que se la pos-
terga en tu perjuicio[3]. Y si algún otro alegase la promesa que
el rey había hecho al papa de realizar para él aquella empresa a cambio de la disolución de su matrimonio y del capelo cardenalicio del de Rouen [19], respondo con lo que diré
después sobre la palabra dada por los príncipes y de cómo
deben mantenerla[4]. Así pues, el rey Luis perdió Lombardía
por no haber seguido ninguna de las normas observadas por
otros que han conquistado provincias y las han querido conservar. Y esto no es nada extraño, al contrario, muy normal
y razonable. Y de este asunto hablé en Nantes con Roano,
cuando el Valentino (así se le llamaba popularmente a Cesare Borgia, el hijo del papa Alejandro) ocupaba la Romaña:
porque, al decirme el cardenal de Rouen que los italianos
no entendían de guerra, yo le respondí que los franceses no
entendían de estado; porque, si entendieran, no dejarían que

---

[1] *Su equivocación fue no escoger el tiempo adecuado para esto.* G.

[2] *El razonamiento es bastante bueno para aquella época.* I.

[3] *A la primera señal de descontento, declarad la guerra. Esta rapidez, una
vez conocida, hace que vuestros enemigos sean cautos.* G.

[4] *En esto consiste el arte de la política; y considero que no sabría llevarla
mucho más lejos.* G.

la Iglesia alcanzara tanto poder[1]. Y se ha visto por experiencia que la culpa de la ruina de Italia, por el poder que en ella tienen la Iglesia y España, ha sido de los franceses[2]. De lo cual se deduce una regla general que nunca o en raras ocasiones falla: que quien es causa de que alguien se convierta en poderoso labra su ruina[3], porque ese poder lo ha propiciado o con la astucia o con la fuerza, y tanto la una como la otra resultan sospechosas para quien se ha hecho poderoso[4].

[1] *¿Se necesitaba algo más para que Roma lanzase el anatema contra Machiavelli?* G.

[2] *Me lo pagarán caro.* I.

[3] *Esto no lo haré nunca.* G.

[4] *Los enemigos no parecen sospechar.* G.

IV. CUR DARII REGNUM QUOD ALEXANDER OCCUPAVERAT A SUCCESSORIBUS SUIS POST ALEXANDRI MORTEM NON DEFECIT[1]*

Consideradas las dificultades que se tienen para conservar un estado adquirido, alguno podría sorprenderse de que Alejandro Magno se convirtiera en señor de Asia en pocos años [20], y, nada más haberla ocupado, se murió; y de que, cuando parecía razonable que todo aquel estado se rebelase, los sucesores de Alejandro lo conservaran[2]; y que para ello no tuvieran más dificultades que las que crearon entre ellos mismos por su propia ambición[3] [21]. A esto respondo que los principados que se recuerdan están gobernados de dos formas distintas: o por un príncipe, y todos sus demás servidores que, como ministros, por gracia y concesión suya, le ayudan a gobernar aquel reino; o por un príncipe y por barones, que ostentan ese rango no por gracia de su señor, sino por la antigüedad de su linaje. Estos barones tienen estados y súbditos propios, que les reconocen como señores y les profesan un afecto legítimo[4]. Aquellos estados gober-

---

* POR QUÉ RAZÓN EL REINO DE DARÍO, QUE FUE OCUPADO POR ALEJANDRO, NO SE REBELÓ CONTRA SUS SUCESORES DESPUÉS DE LA MUERTE DE ALEJANDRO.

[1] *Este capítulo merece atención: yo no puedo prometer más de treinta años de reinado, y quiero tener hijos que estén preparados para sucederme.* I.

[2] *Lo mantenía simplemente el poder del nombre de Alejandro.* I.

[3] *Carlomagno demostró ser mucho más sabio de lo que supo ser ese loco de Alejandro, que hizo que sus sucesores celebrasen sus funerales empuñando las armas con la mano.* I.

[4] *Antigualla feudal, que tengo miedo de tener que quitarle el polvo, si mis generales persisten en quererme dictar leyes.* I.

nados por un príncipe y por los servidores de éste tienen un príncipe con más autoridad; porque en toda su provincia no hay nadie que sea reconocido superior a él; y, si obedecen a algún otro, lo hacen como ministro y funcionario, y no le estiman de una forma especial[1].

En nuestros tiempos tenemos como ejemplos de estas dos formas distintas de gobierno al Turco y al rey de Francia. Toda la monarquía turca está gobernada por un señor, los demás son servidores suyos; y, teniendo dividido su reino en sanjacados, envía a ellos distintos administradores, a los que cambia y traslada según le parece[2]. Pero el rey de Francia se encuentra rodeado por una antigua multitud de señores que, además de reconocidos y amados por sus súbditos en su territorio, tienen privilegios hereditarios que el rey no les puede arrebatar sin correr, él mismo, un serio peligro[3]. Así pues, quien considere estas dos clases de estado encontrará dificultad en conquistar el estado turco, pero una vez que lo haya hecho le resultará muy fácil conservarlo. Las razones de la dificultad que hay en ocupar el estado turco son el no poder ser llamado por los príncipes de ese reino, ni esperar poder hacer más fácil esa empresa por la rebelión de los que están al lado de él. Todo esto tiene su origen en las causas anteriormente dichas[4]. Pues, al ser todos esclavos suyos y estarle obligados, se encuentra mayor dificultad para corromperlos. Y, aunque se les corrompiera, poca utilidad se podría esperar de ellos, pues no pueden arrastrar consigo al pueblo por las razones señaladas[5]. Por tanto, quien ataque el estado turco debe pensar que lo hallará unido; y le

---

[1] ¡Extraordinario! Haré lo que sea por conseguirlo. I.
[2] Los caprichos de los emperadores merecen siempre respeto. Les sobran razones para tenerlos. I.
[3] Al menos no tengo este tipo de dolores de cabeza, aunque tenga otros parecidos. I.
[4] Pensemos entonces en medios extraordinarios, porque es absolutamente necesario que el imperio de Oriente vuelva a depender del de Occidente. I.
[5] ¿Por qué no me encuentro en Francia con una situación parecida? C.

conviene confiar más en sus propias fuerzas que en los tumultos que causen los demás[1]. Pero, una vez vencido y destruido en batalla campal de forma que no pueda rehacer sus ejércitos, sólo debe temer a la familia del príncipe; y, una vez extinguida ésta, no queda nadie a quien temer, pues los demás no gozan del favor del pueblo. Y así como el vencedor, antes de la victoria, no podía confiar en ellos, tampoco debe temerlos después[2].

En los reinos gobernados como el de Francia sucede lo contrario; porque puedes entrar en ellos muy fácilmente ganándote a algún barón del reino, ya que siempre hay gente descontenta y con deseos de cambiar[3]. Éstos, por las razones antedichas, pueden ayudarte a entrar en ese estado y facilitarte la victoria, que, por cierto, arrastra consigo infinitas dificultades si quieres mantenerte, no sólo por parte de los que te han ayudado sino también por parte de los que has oprimido[4]. Y no te basta con extinguir la familia del príncipe, porque aún quedan aquellos señores que encabezan nuevas alteraciones. Y, al no poderles ni contentar ni destruir[5], pierdes ese estado en la primera ocasión que se presente[6].

Ahora bien, si examináis de qué clase era el gobierno de Darío [22], veréis que es parecido al reino turco[7]; por eso Alejandro tuvo que obligarlo a cerrarse en lugares fortificados, abandonando el campo abierto. Después de esta victoria, habiendo muerto Darío, aquel estado quedaba asegurado en manos de Alejandro por las razones arriba expuestas. Y, si sus sucesores se hubieran mantenido unidos, podrían haber disfrutado de él sin esfuerzo alguno, pues en aquel reino no

---

[1] *Mis fuerzas y mi nombre.* I.

[2] *¿Por qué no puedo conseguir que Turquía y Francia se intercambien de lugar?* I.

[3] *Partirles los brazos, cortarles la cabeza.* C.

[4] *Me doy demasiada cuenta.* I.

[5] *¡Se había empezado tan bien en 1793!* I.

[6] *Una verdad muy clara.* I.

[7] *Pero Darío no era igual que Alejandro, así como...* C.

se originaron más tumultos que los que ellos mismos susci-
taron. Sin embargo, es imposible poseer con tanta tranquilidad los estados organizados, como el de Francia[1]. De ahí que
en tiempos de los romanos las frecuentes rebeliones de España, de Francia y de Grecia fueran debidas a los numerosos principados que había en esos estados [23]; y los romanos
nunca estuvieron seguros de su posesión mientras se mantuvo vivo el recuerdo de estos príncipes. Pero, una vez que
fueron olvidados y, gracias a la fuerza y a la larga duración
del imperio, pasaron a ser dueños seguros de ellos[2]. E incluso,
al combatir más tarde entre ellos, cada uno pudo atraerse parte de aquellas provincias según la autoridad que hubiera adquirido en ellas; y éstas, al haberse extinguido la estirpe de
sus antiguos señores, no reconocían más autoridad que la de
los romanos. Así pues, una vez consideradas todas estas cosas, nadie se sorprenderá de la facilidad que tuvo Alejandro
para mantener el estado de Asia, ni de las dificultades que
tuvieron los demás para conservar lo adquirido, como el caso
de Pirro [24] y de otros muchos. Lo cual no es debido a la
mucha o poca virtud del vencedor sino al distinto carácter
del sometido.

---

[1] *Yo he tomado medidas y tomaré aún más medidas.* I.
[2] *Respecto a mí, cuento con las mismas ventajas.* I.

V. QUOMODO ADMINISTRANDAE SUNT CIVITATES VEL PRINCIPATUS, QUI ANTEQUAM OCCUPARENTUR SUIS LEGIBUS VIVEBANT*

Hay tres formas de conservar los estados adquiridos cuando éstos, como hemos dicho, están habituados a vivir con sus leyes y en libertad: la primera consiste en destruirlos[1]; la segunda en ir a vivir allí en persona, y la tercera en dejarles vivir con sus leyes[2], pero imponiéndoles un tributo y creando dentro de ellos un gobierno de pocos [25] que los mantenga aliados. Porque, al haber sido creado ese estado por el príncipe conquistador, saben muy bien que no pueden subsistir sin su amistad y su poder, y harán todo lo que puedan para mantenerlo. Una ciudad acostumbrada a vivir en libertad es más fácil de conservar con el apoyo de sus ciudadanos, que de cualquier otra manera, siempre, claro está, que se la quiera conservar[3].

Como ejemplos de esto tenemos a los espartanos y a los romanos. Los espartanos conservaron Atenas y Tebas, creando en ellas un estado de pocos [26], pero las volvieron a perder. Los romanos destruyeron Capua, Cartago y Numancia para conservarlas, y no las perdieron [27]. Cuando quisieron conservar Grecia con los mismos métodos de los espartanos, es decir, haciéndola libre y dejándole sus leyes,

---

* CÓMO SE DEBEN GOBERNAR LAS CIUDADES O PRINCIPADOS QUE, ANTES DE QUE FUERAN OCUPADOS, VIVÍAN CON SUS LEYES PROPIAS.

[1] *En nuestro siglo esta solución no sirve para nada.* G.

[2] *Es un mal ejemplo, es mucho mejor lo que sigue.* G.

[3] *En Milán se intenta crear una junta ejecutiva de tres personas de confianza; igual que mi triunvirato de Génova.* C.

no lo consiguieron; así que, para conservar aquella provincia, se vieron obligados a destruir muchas de las ciudades pertenecientes a ella [28]. Pues, en realidad, no hay forma segura de poseerlas si no es destruyéndolas[1]. Y quien se haga dueño de una ciudad acostumbrada a vivir libre y no la destruya, que espere ser destruido por ella; porque, en el caso de que se rebele, lo hará siempre en nombre de su libertad y de sus antiguas instituciones políticas, que, ni con el paso del tiempo ni por los beneficios recibidos, se olvidan nunca. Y por mucho que se haga o se prevea, si no se desune y disgrega a sus habitantes, no olvidan ni la palabra libertad ni aquellas instituciones y, ante cualquier imprevisto, recurren a ellas. Es lo que hizo Pisa después de estar sometida a los florentinos durante cien años[2] [29]. Pero, cuando las ciudades o los países están habituados a vivir bajo un príncipe y la familia de éste se ha extinguido, como por una parte están acostumbrados a obedecer, y por otra no tienen a su antiguo príncipe, no se ponen de acuerdo entre ellos para elegir a uno, y tampoco saben vivir libres. De ese modo son más lentos en tomar las armas, y un príncipe se los puede ganar[3] con más facilidad y hacerlos suyos. Pero en las repúblicas hay más vida, más odio, más deseo de venganza; y no les deja ni les puede dejar reposar el recuerdo de su antigua libertad, de forma que el camino más seguro es destruirlas[4] o vivir en ellas[5].

---

[1] *Este principio se puede tomar al pie de la letra de distintas maneras: sin llegar a destruirlas, pero cambiando su constitución.* G.

[2] *Ginebra me podía preocupar, pero no tengo miedo ni de los venecianos ni de los genoveses.* G.

[3] *Sobre todo, cuando se sostiene que traerán al pueblo la libertad y la igualdad.* G.

[4] *Basta neutralizarlas y transformarlas radicalmente.* G.

[5] *Esto ya no resulta imprescindible cuando se han introducido profundos cambios; y, si se les repite que son siempre libres, se les mantiene con seguridad bajo dominio.* G.

VI. DE PRINCIPATIBUS NOVIS QUI ARMIS PROPRIIS ET VIRTUTE ACQUIRUNTUR*

Que no se maraville nadie si en la exposición que voy a hacer de los principados completamente nuevos, tanto en lo que se refiere al príncipe como al estado, pongo ejemplos muy ilustres. Porque, caminando los hombres casi siempre por vías ya holladas por otros y procediendo en sus acciones por imitación[1], ya que no se puede seguir en todo los caminos de otros, ni alcanzar la virtud de aquéllos a los que imitas, el hombre prudente debe seguir siempre los caminos recorridos por los grandes hombres e imitar a aquéllos que han sido extraordinarios, a fin de que, aun sin alcanzar su virtud, al menos nos quede algo de su aroma[2], y actuar como los arqueros prudentes, que, al parecerles que el lugar donde proyectan disparar está demasiado lejos, y sabiendo hasta dónde alcanza la capacidad de su arco, apuntan bastante más alto del objetivo deseado, pero no para llegar con su flecha a tanta altura, sino para poder, con la ayuda de tan alta mira, llegar al lugar que se han propuesto[3]. Digo, pues, que los principados completamente nuevos, en los que también el príncipe es nuevo, ofrecen mayores o menores dificultades para mantenerlos dependiendo del grado de virtud del que los adquiere. Y como el hecho de pasar de particu-

---

* DE LOS PRINCIPADOS NUEVOS QUE SE ADQUIEREN CON LAS PROPIAS ARMAS Y VIRTUOSAMENTE.

[1] *Podría quitarle la razón en algunos casos.* G.

[2] *Sea por esto.* G.

[3] *Demostraré que se puede alcanzar lo mismo, aunque se dé la impresión de que se mira más abajo.* G.

lar a príncipe presupone o virtud o fortuna[1], sería lógico que poseer una u otra de las dos atenuara en parte muchas dificultades; sin embargo, se ha visto que aquél que ha dado menos importancia a la fortuna se ha mantenido durante más tiempo. También ayuda el hecho de que el príncipe se vea obligado, por no tener otros estados, a ir a vivir allí personalmente. Pero centrándonos en los que por virtud propia y no por fortuna se han convertido en príncipes[2], digo que los más notables son Moisés, Ciro, Rómulo, Teseo y otros así [30]. Y si bien de Moisés no se debe razonar, pues fue un mero ejecutor de las cosas que le ordenaba Dios; sin embargo, debe ser admirado, aunque sólo sea por aquella gracia que le hacía digno de hablar con Dios[3]. Pero consideremos a Ciro y a los demás que han conquistado o fundado reinos: a todos los encontraréis admirables[4]; y, si se examinan sus acciones de armas y sus excelentes instituciones, no parecerán discrepar de las de Moisés, que tuvo tan gran preceptor. Y, al examinar sus acciones y sus vidas, se ve que la fortuna sólo les ofreció la ocasión; y ésta les proporcionó la materia para que pudieran plasmar en ella la forma que les pareció más oportuna[5]. Y, sin esa ocasión, se habría apagado la virtud en su ánimo, y, sin la virtud, la ocasión se les habría presentado en vano[6]. Así, pues, era necesario que, en Egipto, Moisés encontrara al pueblo de Israel esclavo y oprimido por los egipcios, para que aquél estuviera dispuesto a seguirlo para salir de su esclavitud[7]. Convenía que Rómulo fuese expulsado de Alba y que además hubiese sido abandonado al nacer para llegar a convertirse en rey de Roma y en fundador de

---

[1] *Se necesita más la virtud que la fortuna; y aquélla promueve a ésta.* G.
[2] *Esto me afecta.* G.
[3] *No tengo esas aspiraciones, ni me preocupan.* G.
[4] *Ampliaré esa lista.* G.
[5] *No necesito más, me llegará la ocasión; hay que estar preparado para que no se escape.* G.
[6] *Sobre todo, la virtud.* G.
[7] *Es la condición y situación actual de los franceses.* G.

aquella patria[1]. Era necesario también que Ciro encontrara a los persas descontentos del imperio de los medos, y a los medos blandos y afeminados por la larga paz[2] [31]. Teseo no podría haber demostrado su virtud si no hubiera encontrado a los atenienses desunidos[3]. Por tanto, tales ocasiones hicieron que estos hombres consiguieran el éxito, y la excelente virtud de éstos hizo que reconocieran esas ocasiones; por lo que su patria se ennobleció y se hizo próspera[4].

Los que, como ellos, llegan a príncipes por vías virtuosas adquieren el principado con dificultad, pero lo mantienen fácilmente; y los obstáculos con que se enfrentan al adquirir el principado se deben en parte a las nuevas instituciones y a las normas que se ven forzados a introducir para afianzar su estado y su seguridad[5]. Y téngase en cuenta que no hay nada más difícil de tratar, de éxito más dudoso, ni más peligroso de manejar, que hacerse promotor de nuevas instituciones[6]. Porque el introductor tiene como enemigos a todos aquéllos a los que benefician las antiguas instituciones[7] y, como tibios defensores, a todos los que sacarían provecho de las nuevas[8]. Y la tibieza de estos últimos se debe en parte al miedo a sus adversarios, que tienen las leyes de su lado, y en parte a la incredulidad de los hombres, que no creen verdaderamente en las cosas nuevas hasta que la experiencia no las confirma[9]; por lo cual, cada vez que aquéllos que son enemigos tienen ocasión de atacarle lo hacen en fac-

---

[1] *Mi loba benéfica se presentó en Brienne. ¡Rómulo, te eclipsaré!* G.

[2] *¡Vergüenza!* G.

[3] *¡Pobre héroe!* G.

[4] *¿Esa dosis de sabiduría hoy sería suficiente?* G.

[5] *Con cierta astucia se sale a flote.* C.

[6] *¿Pero no son capaces de tener a sus órdenes títeres que hagan esas leyes?* G.

[7] *Yo sabré parar sus acciones.* G.

[8] *O sea, ese bendito no sabía cómo consigue uno fervientes defensores, capaz de hacer deponer las armas a los demás.* C.

[9] *Ésta tiene lugar sólo en los pueblos sabios y que conservan aún algunas libertades.* C.

ciones, y los otros le defienden de una forma tibia, de manera que junto a ellos corre peligro[1]. Por lo tanto, si se quiere tratar de forma amplia y ordenada este punto, es necesario examinar si estos innovadores se valen por sí mismos o si dependen de otros; es decir, si para conducir a término su obra debe rogar o, por el contrario, pueden recurrir a la fuerza. En el primer caso siempre acaban mal y no llevan a cabo cosa alguna[2]; pero, cuando sólo dependen de ellos mismos y pueden recurrir a la fuerza, raras veces corren peligro. De ahí que todos los profetas armados vencieran[3] y los desarmados fracasaran[4]. Porque, además de lo que se ha dicho, la naturaleza de los pueblos es voluble; y es fácil convencerlos de algo, pero difícil mantenerlos convencidos[5]. Por eso conviene estar organizado de tal modo que, cuando ya no confíen, se les pueda hacer confiar por la fuerza[6]. Moisés, Ciro, Teseo y Rómulo no habrían podido hacer que sus pueblos observaran durante mucho tiempo sus constituciones si hubiesen estado desarmados, como le sucedió en nuestra época a Girolamo Savonerola [32], que cayó junto a sus instituciones tan pronto como la multitud comenzó a no creerle; y no tuvo forma de retener a aquéllos que habían creído, ni de hacer creer a los incrédulos. Por eso estos hombres encuentran tan grandes dificultades en sus actuaciones y su camino está lleno de peligros, que conviene superen mediante la virtud[7]. Mas, una vez superados, comienzan a ser respetados, al haber destruido a los que le envidiaban por su situación, se mantienen poderosos, seguros, honrados y felices[8].

---

1 *Estoy a cubierto de todo eso.* C.

2 *¡Vaya descubrimiento! ¡Rezar! ¿Puede ser uno tan estúpido que ofrezca esa demostración de debilidad?* G.

3 *Los oráculos entonces se convierten en infalibles.* G.

4 *Nada más natural.* C.

5 *Hoy, sobre todo después del Concordato con el papa, ellos me creen un devoto restaurador de la religión, un enviado del cielo.* C.

6 *Para esto siempre tendré medios.* C.

7 *Esto no me preocupa.* G.

8 *Este último aspecto no me resulta aún muy evidente, tengo que contentarme con los otros tres.* I.

A tan grandes ejemplos quiero añadir uno menos importante, pero que no quedará por debajo de ellos, y quiero que baste para todos los casos semejantes: se trata de Hierón de Siracusa[1] [33], que, de particular, se convirtió en príncipe de Siracusa; y al que también la fortuna proporcionó tan sólo la ocasión. Porque, estando los siracusanos oprimidos, lo eligieron como su capitán, e hizo méritos sobrados para que le convirtieran en su príncipe[2]. Y fue tanta su virtud, incluso en su fortuna privada, que quien escribe sobre él dice *quod nihil illi deerat ad regnandum praeter regnum*[3] [34]. Éste disolvió el viejo ejército y creó otro nuevo. Abandonó sus antiguas alianzas y se hizo con otras nuevas. Y, cuando tuvo sus propios aliados y soldados, pudo edificar sobre tales cimientos cualquier clase de edificio, de manera que le costó mucho esfuerzo adquirir, pero poco mantener[4].

---

[1] *Nunca me había pasado por la cabeza desde mi etapa de estudios escolares. Era de mi tierra, quizá yo soy de su misma estirpe.* G.

[2] *Con algo de ayuda, sin duda. Pues yo estoy como él.* C.

[3] *Mi madre a menudo ha dicho lo mismo de mí; la adoro por sus previsiones.* I.

[4] *Es un buen augurio.* I.

VII. DE PRINCIPATIBUS NOVIS QUI ALIENIS ARMIS ET FORTUNA ACQUIRUNTUR*

Los que únicamente por medio de la fortuna se convierten de particulares en príncipes lo consiguen con poco trabajo[1], pero se mantienen con mucho esfuerzo[2], pues no encuentran ningún obstáculo en su camino, ya que les llevan volando; pero se les presentan todas las dificultades cuando están instalados[3]. Éstos son a quienes se les concede un estado o por dinero o por gracia de quien lo concede: como les sucedió a muchos en Grecia, en las ciudades de Jonia y del Helesponto, donde Darío [35] les hizo príncipes con el fin de que se las mantuvieran para su propia seguridad y gloria[4]. A esta clase pertenecen también los emperadores [romanos] que, de particulares, llegaron al poder corrompiendo a los soldados. Éstos dependen de la voluntad y fortuna de quien se lo ha concedido, que son dos cosas muy volubles e inestables, y no saben ni pueden mantener ese cargo[5]. No saben porque, a no ser que sea hombre de mucho ingenio y virtud, no es lógico que, habiendo vivido siempre como particular[6], sepa mandar; y no pueden, porque no tienen fuerzas que les

---

[1] *Parecen imbéciles que aceptan todo pasivamente y no saben tomar iniciativa.* G.

[2] *Es imposible.* I. E.

[3] *A los ojos de gente así todo le debe parecer un obstáculo.* I. E.

[4] *Los aliados casi nunca han tenido otra función.* I. E.

[5] *Hay muchos otros que se encuentran en la misma situación.* I. E.

[6] *Como ciudadano privado y en cualquier otra condición en la que se le pone son iguales.* I. E.

puedan ser amigas y fieles[1]. Además, a los estados que surgen de improviso les sucede como a las cosas de la naturaleza que nacen y crecen enseguida: que no pueden tener raíces ni ramificaciones[2], y, así, la primera adversidad los destruye[3]. A no ser que, como dije, éstos que de improviso han llegado a ser príncipes sean tan virtuosos que sepan enseguida prepararse para conservar lo que la fortuna les ha puesto entre las manos, y sepan poner después los cimientos que otros pusieron antes de convertirse en príncipes[4].

Quiero aducir dos ejemplos tomados de nuestra memoria para ilustrar estas dos formas de convertirse en príncipe: por virtud o por fortuna[5]. Son: Francesco Sforza y Cesare Borgia. Francesco, con los medios adecuados y con su gran virtud, de particular llegó a ser duque de Milán[6]; y conservó con poco esfuerzo lo que con mil afanes había adquirido. Por otra parte, Cesare Borgia, llamado por el vulgo duque Valentino, adquirió el estado con la fortuna de su padre, y con ella lo perdió. Y eso a pesar de valerse de toda clase de acciones y de hacer lo que un hombre prudente y virtuoso debía hacer para echar raíces en los estados que las armas y la fortuna de otros le habían concedido[7]. Pues, como se ha dicho antes, quien no pone antes los cimientos, si tiene mucha virtud los podrá poner después[8], aunque moleste al arquitecto y haga peligrar el edificio[9]. Así pues, si conside-

---

[1] *Aquí les espero yo.* I. E.

[2] *Todo destino ilustre heredado por nacimiento, después de veintitrés años de existencia privada, en familia y alejado de un pueblo cuyo carácter casi ha cambiado completamente, al que a uno más tarde le llevan, para reinar, en alas de la fortuna y por manos extranjeras, se presenta como un estado nuevo de los que habla Machiavelli. Los antiguos prestigios morales convencionales han estado tanto tiempo eclipsados que sólo pueden seguir existiendo de nombre.* I. E.

[3] *Este oráculo es más infalible que el de Calcante.* I. E.

[4] *Yo había puesto mis cimientos antes de llegar al principado.* I. E.

[5] *Mi caso y el suyo.* I. E.

[6] *¿A quién me parezco más? ¡Buen augurio!* C.

[7] *A menudo bien, a veces mal.* G.

[8] *Para reinar, se sobrentiende. Lo demás son tonterías.* I. E.

[9] *Sobre todo cuando se ponen con indecisión, tímidamente…* I. E.

ramos la evolución del duque, veremos que él puso grandes cimientos para su futuro poder[1]; y de éstos no me parece superfluo hablar[2], pues no sabría dar mejores preceptos a un príncipe nuevo que el ejemplo de las acciones del duque; y, si sus previsiones no le valieron, no fue por su culpa, sino por una extraordinaria y extrema adversidad de fortuna[3].

Alejandro VI se enfrentaba con muchas dificultades presentes y futuras en su deseo de engrandecer al duque, su hijo. En primer lugar, no veía la forma de poderlo hacer señor de algún estado que no perteneciera a la Iglesia, y sabía que, si decidía quitárselo a la Iglesia, el duque de Milán [36] y los venecianos no se lo consentirían[4], pues Faenza y Rìmini estaban ya bajo la protección de los venecianos. Además, veía que los ejércitos de Italia, y en particular aquéllos de los que se hubiera podido servir, estaban en manos de quienes debían temer el poder del papa, pero no se podía fiar de ellos, pues eran todos de los Orsini, de los Colonna y de sus cómplices [37]. Era necesario, pues, trastocar aquel orden de cosas y provocar tumultos en sus estados[5], para poderse adueñar sin riesgos de parte de ellos[6]. Lo cual le resultó fácil, porque se encontró con que los venecianos[7], movidos por otras razones, estaban interesados en hacer entrar de nuevo a los franceses en Italia. A lo cual no sólo no se opuso, sino que se lo hizo aún más sencillo anulando el an-

---

[1] *¿Mejor que yo? Es difícil.* G.

[2] *Me hubiera gustado que me lo hubiese dicho a mí solo; no saben leerte: es igual.* G.

[3] *También me quejo yo, pero lo enderezaré.* I. E.

[4] *Yo saldré mejor parado de un follón de este tipo, incluso más grande, y daré reinos a mi José, a mi Jerónimo… A Luis, sólo en caso de que me sobre alguno y no sepa qué hacer con él.* C.
Tenía razón de no fiarme de este último. ¡Pero el ingrato, cobarde, traidor Joaquín!… Las pagará todas juntas. I. E.

[5] *Alejandro con la tiara no me lo reprocharía más que Alejandro con el yelmo.* I.

[6] *¡Una parte! Es poco para mí.* I.

[7] *Yo he sabido provocar otras ocasiones más dignas de mí, de mi época y de mi conveniencia.* I.

terior matrimonio del rey Luis[1]. Así pues, el rey Luis entró en Italia con la ayuda de los venecianos[2] y el consentimiento de Alejandro. Tan pronto como estuvo en Milán, el papa obtuvo de él gente para la empresa de Romaña [38], que le fue posible acometer gracias a la reputación del rey. Conseguida, pues, la Romaña y expulsados los Colonna, quiso conservar aquélla y seguir avanzando, pero se lo impedían dos cosas: la primera, que sus ejércitos no le parecían fieles; la segunda, las intenciones de Francia; es decir, el peligro de que los ejércitos de los Orsini, de los que se había servido, le fallaran, y no sólo le impidieran adquirir más territorio, sino que además le arrebataran lo adquirido, y que el rey no le hiciera algo parecido[3]. Tuvo una prueba de sus sospechas sobre los Orsini, cuando, después de la conquista de Faenza, atacó Bolonia y les vio comportarse fríamente en la lucha [39]. Y, con respecto al rey, conoció sus intenciones, cuando, tomado el ducado de Urbino, atacó la Toscana, y el rey le hizo desistir de tal empresa. Por lo cual, el duque decidió no volver a depender de los ejércitos ni de la fortuna de los otros[4]. Lo primero que hizo fue debilitar a los partidarios de los Orsini y de los Colonna en Roma, ganándose[5] a todos los nobles que pertenecían al bando de aquéllos, haciéndolos nobles suyos y dándoles grandes estipendios, y les honró, según sus cualidades, con cargos militares y de gobierno, de forma que en cuestión de pocos meses el afecto que sentían hacia aquellos partidos desapareció, volcándo-

---

[1] *La prueba que yo he realizado cediendo el ducado de Urbino a cambio del Concordato me demuestra que en Roma, como en todas partes, hoy como ayer, una mano lava la otra; y todo promete...* C.

[2] *Los genoveses me han abierto las puertas de Italia con la loca esperanza de que recibirían más tarde todo el pago de las inmensas rentas francesas:* quid non cogit auri sacra fames [qué no obliga a hacer la abominable hambre de oro]. *Al menos los estimaré siempre mucho más que al resto de los italianos.* C.

[3] *Me ha costado caro no haber mantenido la misma desconfianza hacia mis protegidos y mis aliados en Alemania.* I. E.

[4] *¿Por qué no lo he podido hacer de otra forma?* I. E.

[5] *Mis Colonna son los realistas; mis Orsini son los jacobinos; y mis nobles serán los jefes de unos y de otros.* G.

lo en el duque[1]. Después de esto, esperó la ocasión de aniquilar a los Orsini[2], pues ya había dispersado a los Colonna; ésta se le presentó en el momento adecuado y él supo aprovecharla bien[3]. Porque los Orsini, al darse cuenta demasiado tarde de que la grandeza del duque y de la Iglesia suponía su ruina, celebraron una dieta en Magione, en territorio de Perugia [40]. De ahí surgió la rebelión de Urbino, los tumultos de la Romaña y una infinidad de peligros para el duque[4], que, con la ayuda de los franceses, los superó todos[5]. Y cuando recuperó su prestigio, como no se fiaba de los franceses ni de otras fuerzas ajenas, recurrió al engaño, al no tener garantías. Y supo disimular tanto sus intenciones[6], que los mismos Orsini, a través del señor Paulo, se reconciliaron con él. El duque se valió de toda clase de cortesías para tranquilizarlo, dándole dinero, vestidos y caballos, hasta tal extremo, que su ingenuidad hizo que, en Senigallia, cayeran en manos del duque[7] [41]. Destruidos estos cabecillas, y convertidos sus partidarios en amigos suyos[8], el duque había puesto fundamentos bastante sólidos a su poder: poseía toda la Romaña además del ducado de Urbino y, lo más importante, pensaba haberse ganado la adhesión de la Romaña y de todos aquellos pueblos que comenzaban a disfrutar de bienestar[9].

---

[1] *Esto en parte lo había comenzado antes de llegar al Consulado, y estoy muy contento de haber completado inmediatamente estas importantes operaciones.* I.

[2] *La ocasión la encontré en el senadoconsulto de la "máquina infernal" de Nevoso, y en el complot de Aréna y de Topino, en la Opéra.* C.

[3] *Estos dos aspectos no se pudieron perfeccionar en el mismo periodo; desde entonces ya se han perfeccionado.* I.

[4] *He visto otros parecidos... Pichegru, Mallet. He salido vencedor sin verme obligado a recurrir a fuerzas externas.* I.

[5] *Yo lo he hecho sin necesidad de nadie.* I.

[6] Qui nescit dissimulare, nescit regnare [Quien no sabe fingir no sabe reinar]. *Luis XI no sabía bastante. Habría que decir:* Qui nescit fallere, nescit regnare [Quien no sabe equivocarse no sabe reinar]. I.

[7] *Lo más temible que quedaba contra mí, entre mis Colonna y mis Orsini, no lo pasó mejor.* I.

[8] *Creo que hice bastante bien las dos cosas.* I.

[9] *¿Desde hace veinte años a esta parte quizá Francia había conocido el orden del que goza hoy, y que sólo mi brazo podía restablecer?* I.

Y como esta parte es digna de ser conocida y de ser imitada por otros, no quiero dejarla de lado[1]. Una vez que el duque hubo tomado la Romaña, al encontrarla gobernada por señores incapaces, que habían expoliado a sus súbditos en lugar de corregirlos[2], dándoles motivo de desunión y no de unión[3], de tal modo que aquella provincia estaba llena de latrocinios, de peleas y de todo tipo de insolencias[4], pensó que, si quería pacificarla y reducirla a la obediencia del brazo regio, era necesario darle un buen gobierno[5]. Por eso puso al frente de la Romaña a Remirro de Orco [42], hombre cruel y expeditivo, al que dio plena potestad[6]. Éste, en poco tiempo, la pacificó y unificó con grandísima reputación para el duque[7]. Después el duque juzgó que no era necesaria una autoridad tan excesiva[8], pues temía que resultase odiosa, y puso un tribunal civil en medio de la provincia, con un presidente excelente, en el que cada ciudad tenía su propio abogado[9]. Y como sabía que su anterior rigor le había generado cierto odio, para apaciguar los ánimos de aquellos pueblos y ganárselos del todo, quiso mostrar que, si se había cometido alguna crueldad, no se debía a él[10], sino a la acerba naturaleza de su ministro. Y, cuando tuvo ocasión[11] [43], lo hizo poner una mañana en la plaza de Cesena con el cuerpo partido en dos con un palo y un cuchillo ensan-

---

[1] *Es mil veces más provechosa para los pueblos que odiosa para algún estúpido charlatán.* I.

[2] *Como los artífices franceses de repúblicas.* C.

[3] *Como en la Francia republicana.* C.

[4] *Como en Francia antes que mandase yo.* C.

[5] *¿No es lo que he hecho yo? Para reprimir la anarquía se necesitaba de una mano segura y dura.* I.

[6] *F [ouchet], tú serás mi* Orco. C.

[7] *Por esto, yo no tenía necesidad de ti.* I.

[8] *Por este motivo suprimo tu ministerio y te meto en el callejón sin salida de mi senado.* C.

[9] *Crear una comisión senatorial para proteger la libertad individual, que no hará más que lo que yo quiera.* I.

[10] *A tenor de la opinión pública nadie más que él estaba destinado a convertirse en mi chivo expiatorio.* I.

[11] *Me molesta el hecho de privarle sólo del cargo, sin aniquilarlo.* I.

grentado al lado. La ferocidad de este espectáculo dejó a aquellos pueblos satisfechos y estupefactos[1].

Pero volvamos a nuestro punto de partida. Digo que el duque se sentía bastante poderoso y en parte seguro con los problemas que tenía, pues se había armado a su manera y había destruido en buena parte aquellas armas que, cercanas a él, lo podían perjudicar. Pero aún le quedaba su temor al rey de Francia, pues, si quería continuar con su política expansiva, sabía que éste, que había tardado en darse cuenta de su error, no se lo habría permitido. Y, por ello, comenzó a buscar nuevas alianzas y, cuando las tropas de Francia descendieron al reino de Nápoles para enfrentarse con los españoles, que asediaban Gaeta [44], mantuvo una actitud vacilante[2] con los franceses. Su intención era asegurarse contra ella; y lo habría conseguido si Alejandro hubiera vivido[3].

Éstas fueron sus acciones de gobierno en relación con las cosas presentes. Pero, en cuanto a las futuras, lo que más temía era que un nuevo sucesor de la Iglesia le fuese hostil y tratase de arrebatarle lo que Alejandro le había dado[4]. Y de esto pensó protegerse de cuatro maneras[5]: primero, destruyendo a todos los descendientes de aquellos señores a los que él había expoliado para quitar al papa esa ocasión[6]; segundo, ganándose, como se ha dicho, a todos los nobles de Roma para poder así contener al papa; tercero, hacer todos los aliados posibles en el Colegio Cardenalicio; cuarto, adquiriendo mucho poder antes de que muriese el papa[7] para poder resistir por sí solo un primer ataque. Al morir Alejandro había conseguido tres de estas cuatro cosas, y la cuarta estaba a punto de realizarla: pues mató a todos los señores

---

[1] *¡Qué tiempos en los que se podían aplicar los castigos merecidos!* I.
[2] *¡Bien, le está bien empleado!* C.
[3] *Estos malditos* si *me hacen perder la paciencia.* C.
[4] *Hay que prever estos inconvenientes.* C.
[5] *Muy bien resumido.* C.
[6] *No echarte para atrás cuando tengas esa posibilidad; y hacer todo lo posible para tener esa posibilidad.* C.
[7] *Francisco II...* I.

expoliados que pudo atrapar, salvándose muy pocos[1], se había ganado a los nobles romanos[2] y en el Colegio Cardenalicio tenía gran influencia. Y en lo referente a las nuevas adquisiciones, había proyectado llegar a ser señor de Toscana, poseía ya Perugia y Piombino y había tomado Pisa bajo su protección [45]. Y, dado que no debía temer a Francia (no tenía por qué, al haber sido los franceses desposeídos del Reino por los españoles, de forma que todos necesitaban comprar su amistad)[3], habría atacado Pisa. Después de esto, Lucca y Siena habrían cedido rápidamente, en parte por envidia de los florentinos, en parte por miedo; los florentinos no tenían remedio. Si hubiese conseguido todo esto (y lo habría conseguido el año en que Alejandro murió), habría adquirido tantas fuerzas y tal reputación que se habría mantenido en el poder por sí solo, y ya no habría dependido de la fortuna y de las fuerzas de los otros[4], sino de su poder y de su virtud[5]. Pero Alejandro murió cinco años después de que él comenzara a desenvainar su espada, dejándole en una situación en que sólo el estado de Romaña estaba consolidado y los demás en el aire, entre dos poderosísimos ejércitos enemigos y enfermo de muerte[6]. Y había en el duque tanta ferocidad y virtud, sabía tan bien que a los hombres hay que ganárselos o destruirlos, y tan válidos eran los cimientos que en tan poco tiempo se había construido que, si no hubiera tenido sobre él aquellos ejércitos o hubiese estado sano, habría superado las dificultades. Y se vio que sus cimientos eran sólidos, porque la Romaña lo esperó más de un mes[7]; en Roma,

---

1 *No he llegado tan adelante como él.* I.

2 *No he conseguido aún hacer nada más que la mitad de este movimiento. Se necesita tiempo.* I.

3 *Pensemos en mi gran proyecto del Norte, ya que de momento me he arrastrado tras él a todos los príncipes alemanes. Se conseguirán esas cosas con resultados que ningún conquistador había conocido.* I.

4 *Libre de todo tipo de condición, iré mucho más lejos.* I.

5 *No hay que temer ningún otro tipo de dependencia.* I.

6 *Peor para él: hay que ser capaces de no enfermar nunca y de hacerse completamente invulnerables.* I.

7 *Como me esperó Francia, tras mis derrotas de Moscú.* I. E.

medio muerto, estuvo seguro[1], y aunque los Baglioni, los Vitelli y los Orsini fueron a Roma, no encontraron a nadie dispuesto a ir contra él. Y si no podía hacer papa a quien él quería, al menos debería conseguir que no lo fuese quien él no quería[2] [46]. Pero, si hubiera estado sano cuando murió Alejandro, todo le habría resultado fácil. Y él mismo me dijo, cuando fue elegido papa Julio II, que había pensado en lo que podía suceder a la muerte de su padre y tenía los remedios, pero que no pensó nunca que al morir éste también él podría estar a punto de morir[3].

Resumidas, pues, todas las acciones del duque, yo no podría reprenderlo. Al contrario, pienso que se le puede proponer como modelo a imitar a todos los que mediante la fortuna y con las armas de otros han ascendido al poder, y así lo he hecho[4]. Porque él, al tener tanto ánimo y un propósito tan alto, no podía actuar de otro modo[5]; y sólo se opusieron a sus proyectos la brevedad de la vida de Alejandro y su enfermedad[6]. Por tanto, quien en su principado nuevo[7] juzgue necesario asegurarse contra los enemigos, ganarse amigos, vencer o por la fuerza o por el engaño, hacerse amar y temer por los pueblos, hacerse seguir y reverenciar por los soldados, destruir a quienes le puedan o deban ofender, innovar con nuevas instituciones el antiguo orden, ser severo

---

[1] *Aunque estuviese moribundo en Smolensk (políticamente hablando), no tuve miedo de los míos.* I. E.

[2] *Esto no me resultó difícil. La simple noticia de mi desembarco en Fréjus eliminaba las decisiones que me hubieran sido hostiles.* C.

[3] *Visto lo visto, para decirlo con palabras pobres, es mejor no pensar nunca si se quiere reinar gloriosamente. Este pensamiento habría congelado mis proyectos más atrevidos.* I.

[4] *Los plumíferos que han sostenido que Machiavelli lo propuso como modelo a todos los príncipes, incluso a aquéllos que no están ni pueden estar en la misma situación, son muy ignorantes. En toda Europa no conozco a nadie más que a mí al que le pueda venir bien el modelo.* I.

[5] *Es lo que también he hecho yo, dado que mi situación me lo convertía en una necesidad y, como consecuencia, en un deber.* I. E.

[6] *Mis reveses sólo dependen de causas parecidas, sobre las que mi talento no podía hacer nada.* I. E.

[7] *Sólo se necesita esto.* G.

y agradable, magnánimo y liberal, suprimir la milicia desleal, crear una nueva, mantener la amistad de los reyes y de los príncipes para que tengan que beneficiarle con cortesía o atacar con temor, no puede encontrar ejemplo más reciente que las acciones del duque[1]. Sólo se le puede acusar de haber propuesto a Julio como pontífice, pues su decisión fue contraproducente[2], ya que, como se ha dicho, no pudiendo hacer un papa a su gusto[3], podría haber conseguido que alguien no lo fuera. Y nunca debería haber consentido que llegaran al papado ninguno de los cardenales a los que él había ofendido, o que, una vez alcanzado el papado, tuviese miedo de él[4]. Porque los hombres ofenden o por miedo o por odio. Entre los que había ofendido se hallaban, entre otros, el de San Pietro ad Vincula, Colonna, el de San Giorgio y Ascanio[5] [47], todos los demás, una vez elegidos papas, le hubieran temido[6], excepto Roano y los españoles. Éstos, por vinculaciones y obligaciones mutuas, y aquél, por su poder, pues tenía de su parte al reino de Francia[7]. Por tanto, el duque debería haber conseguido ante todo un papa español, y, si no podía, haber consentido que fuera el de Rouen y no el de San Pietro ad Vincula. Y quien crea que a los grandes hombres los nuevos beneficios les hacen olvidar las antiguas ofensas[8] se engaña. Por tanto, el duque se equivocó en esta elección, y fue la causa de su ruina.

---

1 *Yo me considero (al menos así lo espero) un ejemplo no sólo más reciente, sino incluso más perfecto y sublime*. I.

2 *La mente de Borgia estaba debilitada por su enfermedad*. I.

3 *Si lo hubieran elegido contra mi voluntad, pronto me habría desembarazado de él*. C.

4 *Exceptuando el que había sido elegido papa, todos sabían y preveían que me habrían debido temer*. C.

5 *Ya no era hora de poder tener miedo de su resentimiento*. I.

6 *Basta mi nombre para hacerles temblar, y yo les haré ir como ovejas a los pies de mi trono*. C.

7 *¡Bonito motivo para contar con esa gentuza! Machiavelli estaba lleno de buena fe*. I.

8 *Parecen olvidarlas cuando lo quiere su pasión. No hay que fiarse*. I.

VIII. DE HIS QUI PER SCELERA AD PRINCIPATUM PERVENERE*

Pero como de particular se puede llegar también a príncipe de dos formas que no se pueden atribuir del todo a la fortuna o a la virtud, no me parece que haya que dejarlas de lado; si bien de una se puede hablar con mayor detenimiento al tratar de las repúblicas[1]. Son éstas: cuando se asciende al principado[2] por algún medio criminal y nefando, o cuando un ciudadano particular llega a ser príncipe de su patria con el apoyo de sus conciudadanos[3]. Y al hablar de la primera forma la ilustraremos con dos ejemplos, uno antiguo y otro moderno, pero sin entrar en consideraciones sobre su bondad, porque pienso que a quien lo necesite le bastará con imitarlos[4].

El siciliano Agatocles [48], un particular y además de ínfima y abyecta condición, llegó a ser rey de Siracusa[5]. Hijo de un alfarero, se condujo a lo largo de toda su vida criminalmente[6]; sin embargo, acompañó sus crímenes con tanta virtud de ánimo y de cuerpo[7] que, dedicado a la carrera militar

---

* DE AQUÉLLOS QUE POR MEDIO DE DELITOS LLEGARON AL PRINCIPADO.

[1] *Lo dispenso de esto.* G.

[2] *La expresión hay que reprobarla con dureza. ¿Qué importa el recorrido si se llega? Machiavelli comete la grave equivocación de hacer de moralista en una materia de este género.* G.

[3] *Siempre se pueden guardar las apariencias.* G.

[4] *Discreción de moralista, fuera de lugar en cuestiones de estado.* G.

[5] *Éste, vecino mío como Hierón, y más cercano en el tiempo, seguramente encontrará con facilidad un lugar en la genealogía de mis predecesores.* G.

[6] *La constancia en este campo representa el índice más seguro de un carácter determinado y audaz.* G.

[7] *Sobre todo, resulta esencial el ánimo.* G.

y pasando por todos los grados, llegó a ser pretor de Siracusa[1]. Y, al ser nombrado pretor, decidió convertirse en príncipe y conservar con la violencia y sin obligación alguna hacia los demás lo que le había sido concedido por acuerdo general[2]. Después de haber llegado a un arreglo con el cartaginés Amílcar [49], que estaba en campaña en Sicilia[3], reunió una mañana al pueblo y al senado de Siracusa como si tuviese que tratar cosas pertinentes a la república, y a una señal convenida hizo que sus soldados asesinaran a todos los senadores y a los más ricos del pueblo. Muertos éstos, ocupó y conservó el principado de aquella ciudad sin ninguna oposición ciudadana[4]. Y, a pesar de que los cartagineses le derrotaran dos veces y sufriera finalmente su asedio, no sólo pudo defender su ciudad, sino que, dejando allí una parte de su gente para que hiciera frente al asedio, con la otra parte atacó África; y en poco tiempo liberó Siracusa del asedio y puso a los cartagineses en una situación tan comprometida que tuvieron que llegar a un acuerdo con él, contentándose con la posesión de África y dejando la de Sicilia a Agatocles[5]. Quien considere, pues, las acciones y la vida de éste no verá nada o casi nada que pueda atribuirse a la fortuna. Porque, como dijimos antes, si llegó al principado[6] no fue con el apoyo de ninguno, sino a través de los ascensos militares que con tantas molestias y peligros se ganó[7]. Y si se mantuvo luego en él, fue gracias a sus audaces y arriesgadas disposiciones. Sin embargo, no puede llamarse virtud matar a sus

---

[1] *Yo llegaré.* G.

[2] *Si me entregan el consulado durante diez años, en poco tiempo conseguiré hacérmelo conceder a perpetuidad, ¡ya veréis!* G.

[3] *Yo no tengo necesidad de una ayuda de este tipo. Me valen aún otras, pero las consigo con facilidad.* G.

[4] *¡Mirad mi 18 brumario* [segundo mes del calendario republicano francés] *y sus efectos! Presenta la ventaja de un comportamiento más generoso, sin crímenes de este tipo.* C.

[5] *Yo he conseguido mucho más. Al lado mío, Agatocles es un enano.* I.

[6] *Yo llegué al mismo precio.* I.

[7] *También yo he hecho mis pruebas en este campo.* I.

conciudadanos, traicionar a sus amigos y no tener palabra, piedad, ni religión, pues estos medios pueden hacer adquirir el poder, pero no la gloria[1]. Porque, si se considera que la virtud de Agatocles reside en su forma de afrontar los peligros y de superarlos, y la grandeza de su ánimo en su forma de soportar y de superar las adversidades[2], no tiene por qué ser juzgado inferior a cualquier otro capitán ilustrísimo[3]. No obstante, su feroz crueldad y su inhumanidad, así como sus infinitos crímenes, no permiten que sea exaltado junto a hombres ilustrísimos[4]. No se puede, pues, atribuir a la fortuna o a la virtud lo que sin la una ni la otra consiguió él[5].

En nuestros días, durante el papado de Alejandro VI, Oliverotto de Fermo[6] [50], al quedarse huérfano de padre en su niñez, fue educado por un tío materno, llamado Giovanni Fogliani, y en su primera juventud fue puesto a combatir bajo las órdenes de Paulo Vitelli[7] [51], a fin de que, empapado en dicha disciplina, llegase a un elevado grado en la milicia. Muerto más tarde Paulo, militó bajo su hermano Vitellozzo, y, en brevísimo tiempo, gracias a su ingenio y a la gallardía de su persona y de su ánimo, llegó a ser el primer hombre de su milicia. Pero, pareciéndole servil estar bajo las órdenes de otro, pensó ocupar Fermo con la ayuda de Vitellozzo y de algunos ciudadanos de este lugar, que prefirieron la servidumbre a la libertad de su patria[8]. Escribió a Giovanni Fogliani diciéndole que, habiendo estado durante muchos años fuera de su hogar, quería ir a ver su ciudad y examinar el es-

---

[1] *¡Prejuicios infantiles! La gloria se acompaña siempre con el éxito, llegue de la forma que llegue.* I.

[2] *¿Las ha superado mejor que yo?* I.

[3] *Tened la satisfacción de considerarme una excepción.* I.

[4] *¡Más moral! Este bendito Machiavelli no tenía agallas.* I.

[5] *En mi caso, podía contar con las dos.* I.

[6] *¡Qué personaje más astuto! ¡Gracias a él, desde niño, he ido acumulando excelentes ideas!* G.

[7] *Vaubois, tú has sido mi Vitelli. Y yo, en estas cosas, soy siempre agradecido.* I.

[8] *Reflexion de republicano.* G.

tado de su patrimonio. Y, como hasta entonces había encaminado todos sus esfuerzos a adquirir honor, quería venir de forma honorable y acompañado de cien soldados a caballo, de sus amigos y de sus servidores[1] para que sus ciudadanos viesen que no había perdido el tiempo en vano, rogándole que fuera de su agrado disponer que los ciudadanos de Fermo le recibieran con honores; lo cual no sólo le honraría a él, sino también a su tío, al ser él su ahijado. No faltó, pues, Giovanni para con su sobrino a ninguno de los deberes de la hospitalidad. Después de haberlo hecho recibir con honor por los ciudadanos de Fermo, lo alojó en su casa, donde Oliverotto, pasados algunos días, y atento a organizar en secreto lo que necesitaba para su futura crueldad, organizó un solemne convite e invitó a Giovanni Fogliani y a todos los ciudadanos importantes de Fermo[2]. Y, una vez acabadas las viandas y todos los demás entretenimientos que se acostumbran en tales convites, Oliverotto, deliberadamente, comenzó a razonar sobre algunos temas graves, hablando de la grandeza del papa Alejandro, de su hijo Cesare y de las empresas de ambos. Y, al responder Giovanni y los demás a tales razonamientos, se levantó de pronto diciendo que esas cosas debían hablarse en un lugar más secreto; y se retiró a una cámara seguido por Giovanni y los demás ciudadanos. Y nada más sentarse, de distintos lugares secretos de aquella habitación salieron soldados que asesinaron a Giovanni y a todos los demás. Después de este homicidio, Oliverotto montó a caballo, recorrió la ciudad y sitió el palacio del magistrado supremo, de modo que el miedo les obligó a obedecerlo y a formar un nuevo gobierno del que se proclamó príncipe[3]. Y, muertos todos los que por estar descontentos lo

---

[1] *¡Qué listo! En este caso de Oliverotto hay muchas enseñanzas de las que puedo sacar provecho, aprovechándome de las circunstancias.* G.

[2] *Se parece bastante a la cena en la Iglesia de Saint-Sulpice, que hice que los diputados me ofrecieran a la vuelta de Italia, después de fructidor* [duodécimo mes del calendario republicano francés]*, pero la pera no estaba madura.* C.

[3] *Este movimiento lo perfeccioné bastante el 18 de brumario, y sobre todo el día después en Saint–Cloud.* C.

podían perjudicar[1], se afianzó en el poder con nuevas instituciones civiles[2] y militares[3], de modo que, después de un año de ostentar el principado[4], no sólo estaba seguro en la ciudad de Fermo, sino que además le temían todos sus vecinos. Y su derrocamiento habría sido difícil, lo mismo que el de Agatocles, si no se hubiese dejado engañar por Cesare Borgia, cuando, como dije antes, apresó a los Orsini y a los Vitelli en Senigallia. Hecho prisionero también él un año después de cometer el parricidio[5], fue estrangulado junto con Vitellozzo, que había sido su maestro en la virtud y en los crímenes[6].

Alguien podría preguntarse la razón de que Agatocles y otros como él, habiendo cometido tal infinidad de traiciones y de crueldades, pudieran vivir durante tanto tiempo seguros en su patria y defenderse de los enemigos exteriores, y de que sus ciudadanos no conspiraran nunca en contra de él, pues muchos otros ni siquiera en tiempos de paz han conseguido mediante la crueldad conservar el estado, y no digamos ya en los inciertos tiempos de guerra. Creo que esto es debido al mal o al buen uso de las crueldades. Se puede decir que están bien usadas (si es lícito hablar bien del mal) aquéllas que se realizan en un determinado momento[7] por

---

[1] *De momento me bastaba con asustarles, que se dispersaran y huyeran. Había que cumplir lo que había hecho decir solemnemente en Barras: que yo evitaba la sangre. C.*

[2] *¡Hay que terminar con rapidez este código civil, al que quiero imponer mi nombre! C.*

[3] *Esto dependía totalmente de mí, y yo me he provisto de todo a mi gusto y poco a la vez. C.*

[4] *¡Es un estúpido el que, con el principado, se deja quitar la vida! I. E.*

[5] *Con esta palabra cargada de reproche Machiavelli da la impresión de considerarlo un crimen. ¡Pobre hombre! C.*

[6] *La buena gente dirá que Oliverotto se lo merecía y que Borgia era el instrumento de un justo castigo. Sin embargo, lo lamento por Oliverotto; no sería un buen auspicio para mí si por esos mundos estuviera suelto un Cesare Borgia que no fuese yo. C.*

[7] *Si hubiésemos empezado por aquí, como Carlos II y tantos otros, mi causa ya estaría abandonada. Todos se lo esperaban y ninguno habría tenido palabras de reproche, el pueblo no habría pensado más en ello y me habría olvidado. I. E.*

necesidad de asegurarse[1] y en las que después no se insiste[2], sino que se convierten, en la medida de lo posible, en útiles para los súbditos[3]. Mal usadas son aquéllas que, aunque en un principio sean pocas, con el tiempo crecen en lugar de desaparecer[4]. Aquéllos que observan el primer modo, con ayuda de Dios y de los hombres, pueden encontrar algún remedio para su situación, como le sucedió a Agatocles; es imposible que se mantengan los otros[5]. Por eso, hay que señalar que quien ocupe un estado debe meditar sobre todas las ofensas que debe infligir y realizarlas todas de golpe[6] y no tenerlas que renovar todos los días, y así, al no atreverse de nuevo, tener que tranquilizar a los hombres y ganárselos con favores. Quien actúa de otra manera, ya sea por timidez o por un mal consejo[7], siempre necesita tener el cuchillo en la mano[8], y nunca puede apoyarse en sus súbditos, pues éstos no pueden estar seguros de él debido a las recientes y continuadas injurias. Porque las injurias se deben hacer todas juntas, para que, paladeándolas menos, ofendan menos[9]. Los favores, sin embargo, hay que otorgarlos poco a poco, para que se saboreen mejor[10]. Y, sobre todo, un príncipe debe proceder con sus súbditos de forma

---

[1] *Por desgracia, es lo que me preocupa.* I. E.

[2] *Si se equivocan en esta operación van contra sus propios intereses. Cuando envejece el recuerdo de la acción que debe ser castigada, quien la castiga no aparecerá como una persona de carácter cruel, pues ya se ha olvidado el motivo que hace justo el castigo.* I. E.

[3] *Era fácil.* I. E.

[4] *Este método, el único que les queda a los ministros, no puede más que resultarme favorable.* I. E.

[5] *Pronto veremos una nueva demostración.* I. E.

[6] *La consecuencia es justa, y el precepto, obligatorio.* I. E.

[7] *Las dos causas de ruina están a ambos lados; la segunda está casi toda a mi disposición.* I. E.

[8] *Cuando esto se permite.* I. E.

[9] *Aquéllos que, por haber empezado demasiado tarde, se estrenan tímidamente probando con los más débiles, hacen gritar y rebelarse a los fuertes: ¡aprovechémonos!* I. E.

[10] *Cuando se otorga a manos llenas, muchos indignos lo recogen; y el reconocimiento de los demás es casi nulo.* I. E.

que ningún acontecimiento bueno o malo le haga cambiar de conducta[1]. Porque, al sobrevenir las necesidades con los tiempos adversos, no te da tiempo de hacer el mal[2], y el bien que tú haces no te aprovecha[3], porque se considera forzado y no te lo agradecen nada.

---

[1] *¡Parece que se encuentra en un gozne!* I. E.

[2] *Probaremos.* I. E.

[3] *No valdrá prometer y dar entonces: no servirá para nada, ya que por su naturaleza el pueblo no siente entusiasmo hacia el que peca de imprevisión y tolerancia.* I. E.

IX. DE PRINCIPATU CIVILI*

Pero, llegado al segundo modo, cuando un particular, no mediante el crimen u otra intolerable violencia[1], sino con el favor de sus conciudadanos se convierte en príncipe de su patria, esto se puede llamar principado civil (y para conseguirlo no son necesarias ni mucha virtud ni mucha fortuna, sino más bien una astucia afortunada)[2], digo que se alcanza este principado con el favor del pueblo o con el de los nobles[3]. Porque en todas las ciudades se encuentran estas dos tendencias que nacen del hecho de que el pueblo desea no ser gobernado ni oprimido por los nobles, y los nobles, por el contrario, desean gobernar y oprimir al pueblo. Y a partir de estos dos distintos apetitos se originan en las ciudades uno de estos tres efectos: o principado o libertad o anarquía.

El principado es creado o por el pueblo o por los nobles, según cuál de las dos partes tenga la ocasión. Porque, cuando los nobles ven que no pueden resistir al pueblo[4], comienzan a aumentar la reputación de uno de ellos[5] y lo hacen príncipe[6], para poder desfogar su avidez de dominio

---

* DEL PRINCIPADO CIVIL.

[1] *Es lo que quisiera, pero es difícil.* G.

[2] *Esta "astucia afortunada" entra dentro de mis posibilidades, y me he servido de ella con resultados bastante satisfactorios.* G.

[3] *Intentaré guardar al menos las apariencias de unos y otros.* G.

[4] *Es la situación actual del partido directorial; tengo que aprovechar para que a los ojos del pueblo crezca mi estima.* G.

[5] *Serán arrastrados.* G.

[6] *Acepto el pronóstico.* G.

a la sombra de éste. El pueblo a su vez, al ver que no puede resistir a los nobles, acrecienta la reputación de alguno y lo hace príncipe para que le defienda con su autoridad[1]. Quien alcanza el principado con la ayuda de los nobles se mantiene con más dificultades que el que se convierte en príncipe con la ayuda del pueblo[2]. Porque el primero, aun siendo príncipe, se encuentra a su alrededor con muchos que se consideran iguales a él[3], y por ello no los puede mandar ni manejar a su gusto. Pero quien llega al principado con el favor popular[4] se encuentra solo en él, y no tiene a su alrededor a nadie o a poquísimos que no estén dispuestos a obedecer[5]. Además, no se puede satisfacer a los nobles[6] con honestidad sin ofender a otros, pero sí al pueblo. Porque el fin del pueblo es más honesto que el de los nobles, ya que éstos quieren oprimir y aquél no ser oprimido. Además, si el pueblo está contra él, el príncipe no estará nunca seguro, porque son demasiados, pero sí lo estará si son los nobles sus enemigos, porque son pocos. Lo peor que puede

---

[1] *Le haremos trabajar en esa dirección, para que, aunque por un motivo completamente contrario, tienda al mismo fin que el partido directorial.* G.

[2] *Daré la impresión de haberlo conseguido sólo gracias a él, y para su provecho.* G.

[3] *Me han escogido siempre dolorosamente a disgusto.* G.

[4] *¿Y por qué no he conseguido hacerles creer que me encontraba en esa situación? A la vuelta haré todo lo que esté en mis manos para hacérselo creer.* I. E.

[5] *Yo, a estas alturas, ya habría puesto firmes a todos.* I. E.

[6] *Los míos eran insaciables. Estos revolucionarios nunca tienen suficiente dinero. Han hecho la revolución para enriquecerse, y su avidez crece con su enriquecimiento. Si están a favor del partido que lleva ventaja y lo apoyan, es para conseguir sus favores. Inmediatamente después hacen caer al que han subido, cuando a éste ya le han exprimido todos los dones que podía darles. Puesto que quieren siempre recibir, cuando uno deja de hacerles regalos, lo echan para sustituirlo por otro más pródigo. Es siempre muy peligroso tener que recurrir a esta gentuza. ¿Pero cómo se puede prescindir de ella? ¡Sobre todo yo, que no tengo otro apoyo! ¡Si pudiera contar con un título hereditario para el trono! Esa gentuza no podría ni traicionarme ni causarme mal alguno.* I. E.

esperar un príncipe del pueblo que está en contra de él es que éste lo abandone. Pero, si sus enemigos son los nobles, no sólo debe temer que lo abandonen, sino que además vayan contra él. Porque, al tener éstos más clarividencia y más astucia, les sobra tiempo para salvarse, y tratan de hacer méritos ante el que esperan sea el vencedor[1]. Además, el príncipe tiene que vivir siempre con ese mismo pueblo; pero puede prescindir muy bien de esos mismos nobles, a los que todos los días puede crear o destruir y quitarles o darles reputación a su capricho[2].

Y, para aclarar mejor esta parte, digo que los grandes pueden ser considerados principalmente de dos modos: o se comportan de manera que con su proceder queden vinculados por completo a tu suerte, o no. A los que se vinculan, y no sean rapaces[3], se les debe honrar y amar. Y a los que no se vinculan a ti hay que examinarlos de dos modos: o no lo hacen por pusilanimidad y natural falta de ánimo, y entonces te debes servir de ellos, sobre todo de los que son sabios y expertos consejeros, para que en la prosperidad te honres en ellos y en las adversidades no tengas nada que temer[4]. Pero, cuando no se vinculan a ti premeditadamente y por ambición[5], es señal de que piensan más en sí mismos que en ti; y de éstos el príncipe no sólo se debe guardar, sino también temerles como si fueran ene-

---

[1] *¿Cómo no he previsto que estas ambiciones, siempre preparadas para que las lleve el viento de la fortuna, me habrían abandonado, me habrían dejado en los momentos de adversidad? Harán lo mismo, en favor mío y en contra de él, si me ven en una buena posición, salvo que empiecen a atacarme si yo dudo. ¿Por qué no he podido rodearme de nuevos nobles recurriendo a nuevos hombres?* I. E.

[2] *Esto no es tan fácil para mí, al menos no tanto como quisiera y debiera hacer. He probado con… y con F [ouchet] y han resultado peligrosos. El primero me ha dejado; el segundo, del que tengo necesidad, es ambiguo; pero de una forma u otra lo conseguiré.* I. E.

[3] *Casi no tengo ninguno de esta categoría.* I.

[4] *Tengo muchos de esta especie.* I.

[5] *Entre los míos, constituyen el número más abundante.* I.

migos declarados, porque en las adversidades siempre contribuirán a su ruina[1].

Por tanto, quien se convierta en príncipe mediante el favor del pueblo debe mantenérselo amigo; lo cual le resultará fácil, pues lo único que pide es no ser oprimido. Pero quien llegue a príncipe con el favor de los nobles y en contra del pueblo, antes que nada debe tratar de ganarse a éste: lo que le resultará fácil si lo toma bajo su protección[2]. Y, como los hombres, cuando reciben el bien de quien creían que iban a recibir el mal, se vinculan más a su benefactor[3], el pueblo pronto le cobra más afecto que si hubiese llegado al principado mediante su apoyo. Y el príncipe se lo puede ganar de muchas formas, pero de éstas no se puede dar una norma segura, pues son diferentes según las circunstancias, y por eso las dejaremos aparte. Concluiré diciendo tan sólo que al príncipe le es necesario tener al pueblo de su parte[4]; porque, si no, no tendrá remedio en las adversidades[5].

Nabis [52], príncipe de los espartanos, resistió el asedio de toda Grecia y de un ejército romano victoriosísimo, y defendió contra aquéllos su patria y su estado. Y, llegado el peligro, le fue suficiente estar seguro de unos pocos, lo cual no le habría bastado si hubiese tenido al pueblo en contra de él. Y que nadie se oponga a esta opinión mía con ese proverbio tan trillado, según el cual *quien edifica sobre el pueblo edifica sobre el barro*[6], porque eso es cierto cuando un ciudadano particular pone su fundamento en el pueblo, y se hace la ilusión de que el pueblo lo liberará cuando se

---

[1] *No había captado muy bien esta verdad; los hechos me la han hecho entender duramente. ¿Tendré la posibilidad de aprovecharme de ella en el futuro?* I. E.

[2] *Intentaré hacérselo creer.* G.

[3] *Sin embargo tengo necesidad de importantes ingresos y numerosos reclutas.* C.

[4] *Éste era mi punto débil.* I. E.

[5] *Los acontecimientos me lo han hecho entender cruelmente.* I. E.

[6] *Sí, y una vez más sí, cuando el pueblo no es absolutamente nada más que fango.* I. E.

vea oprimido por sus enemigos o por los magistrados. En este caso se podría sentir engañado a menudo, como les sucedió en Roma a los Gracos [53] y en Florencia a meser Giorgio Scali [54]. Pero si el que se apoya en el pueblo es un príncipe que sabe mandar y es un hombre de corazón, no se amedranta ante las adversidades, ni le faltan otras capacidades, y además con su valor y con sus medidas sabe sugestionar a las masas, nunca se encontrará engañado por el pueblo y habrá puesto sólidas bases a su poder[1].

Estos principados suelen correr peligro cuando están a punto de pasar del orden civil al absoluto, porque estos príncipes o gobiernan por sí mismos o por medio de magistrados; en este último caso su situación es más peligrosa y más insegura, porque se encuentran totalmente supeditados a la voluntad de los ciudadanos que han sido elegidos magistrados, los cuales, sobre todo en los momentos adversos, le pueden arrebatar fácilmente el poder enfrentándose a él o no obedeciéndole[2]. Y el príncipe, en los momentos de peligro, no llega a tiempo de hacerse con la autoridad absoluta; porque los ciudadanos y los súbditos, que están acostumbrados a recibir las órdenes de los magistrados, en esas difíciles situaciones no están dispuestos a obedecer las suyas[3], por lo cual en los momentos críticos carecerá siempre de gente en quien confiar[4]. Pues un príncipe así no puede basarse en lo que ve en tiempos de tranquilidad, cuando los ciudadanos tienen necesidad del estado; porque entonces todos están solícitos, todos prometen y todos quieren morir por él, cuando la muerte está lejana[5]. Pero en los tiempos adversos,

---

[1] *De esto no he sacado más que la ventaja de que el pueblo me quiera, y sin embargo... Pero hacerse querer en la situación en la que me encontraba, con las necesidades que tenía, era muy difícil. I. E.*

[2] *Veré cómo se debe hacer. I. E.*

[3] *Confío en esto. I. E.*

[4] *¿Dónde encontrarla? I. E.*

[5] *Es lo que no saben entrever en esas demostraciones o señales tranquilizadoras: no saben aún cómo comportarse. I. E.*

cuando el estado tiene necesidad de los ciudadanos, halla dispuestos a muy pocos. Y esta experiencia es mucho más peligrosa al no poderse tener más que una sola vez[1]. Y, sin embargo, un príncipe sabio debe pensar en un modo por el cual sus ciudadanos, siempre y en cualquier circunstancia, tengan necesidad del estado y de él[2]; y así le serán siempre fieles.

---

[1] *Si se pudiera escapar una primera vez, me tomaría de buena gana mi revancha, en caso de que tuviera la posibilidad de tomármela o hacer que la tomaran.* I. E.

[2] *Nunca se reflexiona bastante sobre esta verdad.* I. E.

X. QUOMODO OMNIUM PRINCIPATUUM VIRES PERPENDI DEBEANT[*]

Conviene tener en cuenta otra cuestión al examinar las características de estos principados, o sea: si un príncipe tiene tanto estado que pueda, si le es necesario, valerse por sí mismo[1], o si siempre precisa de la protección de otros[2]. Y, para aclarar mejor este punto, digo que se valen por sí mismos los que pueden por gran abundancia de hombres o de dinero reunir un ejército adecuado y dar batalla campal a cualquiera que les venga a atacar[3], mientras que necesitan de la protección de otros los que no pueden combatir contra el enemigo en el campo, sino que necesitan refugiarse dentro de las murallas y defenderlas[4]. Del primer caso ya hemos hablado, y más adelante diremos lo que nos parezca oportuno. Del segundo caso no es posible añadir nada más, salvo animar a los príncipes para que fortifiquen su ciudad y no tengan en cuenta el resto del territorio[5]. Y quienquiera que fortifique bien su ciudad, y se haya comportado con sus súbditos como se ha dicho antes y como se dirá más adelante, será atacado siempre con gran temor. Porque los hombres son siempre enemigos de las empresas en las que ven dificultades, y no pueden ver facilidad

---

[*] DE QUÉ FORMA SE DEBEN MEDIR LAS FUERZAS DE TODOS LOS PRINCIPADOS.

[1] *Como Francia con los apremios, las requisaciones, etc.* G.

[2] *No vale nada.* G.

[3] *Con mayor razón cuando pueden atacar y meter miedo a los demás.* G.

[4] *¡Qué triste! No me gustaría.* G.

[5] *Este caso no me afecta.* C.

alguna en atacar a quien tenga su ciudad fortificada y no sea odiado por el pueblo[1].

Las ciudades de Alemania son muy libres, tienen poco territorio, obedecen a su emperador cuando quieren, y no temen ni a éste ni a ningún otro poderoso que tengan cerca, porque están fortificadas de tal modo que todos piensan que su asedio debe ser tedioso y difícil[2]. Porque todas poseen fosos y murallas apropiadas y artillería suficiente; tienen siempre en los almacenes públicos bebida, comida y combustible para todo un año, y, además, para mantener alimentada a la plebe sin pérdida para el erario público, disponen de un fondo comunitario para poderles dar trabajo durante un año en aquellas ocupaciones que son el nervio y la vida de aquella ciudad y en las actividades y oficios de los que el pueblo se nutre. Además, los ejercicios militares tienen buena reputación, y sobre todo procuran mantener ese carácter con una organización acertada[3].

Por tanto, un príncipe que tenga una ciudad fuerte y que no se haga odiar no puede ser atacado, y, aunque hubiera alguien que lo atacase, se tendría que alejar cubierto de vergüenza. Porque las cosas del mundo cambian tanto que es casi imposible que alguien pueda estar con sus ejércitos asediándolo durante todo un año sin hacer nada más[4]. Y a quien replique: si el pueblo tiene sus posesiones fuera y las ve arder, no tendrá paciencia, y el largo asedio y sus propios intereses le harán olvidar al príncipe, le respondo que un príncipe poderoso y valiente superará siempre todas esas di-

---

[1] *También yo me he encontrado en una situación parecida. Aprovecharé la primera ocasión que tenga para hacer una fortaleza en mi capital, sin que se conozca el verdadero motivo. I. E.*

[2] *Esto iba bien para el pasado; y no se habla aquí de los franceses, que serían los agresores. G.*

[3] *¿Para qué han valido tantas precauciones, en Alemania y Suiza, contra nuestra vehemencia? C.*

[4] *Yo no estoy un año dando vueltas en estado de asedio, bajo las murallas de otros, sin hacer nada. C.*

ficultades, ya sea dando esperanzas a sus súbditos de que el mal no durará mucho tiempo, ya atemorizándolos con la crueldad del enemigo, o protegiéndose con destreza de los que le parezcan demasiado atrevidos[1]. Además, es lógico pensar que el enemigo, nada más llegar, cuando los ánimos de los hombres estén aún enardecidos y dispuestos a la defensa, incendiará y devastará el país. Pero, por esto mismo, el príncipe no debe temer, porque, después de algunos días, cuando los ánimos se hayan enfriado, el daño ya está hecho, ya ha recibido su castigo y ya no hay remedio. Entonces los súbditos se unen más a su príncipe, pues piensan que, al haber sido incendiadas sus casas y haber quedado arruinadas sus propiedades por defenderle a él, éste ha contraído una obligación con ellos[2]. Es propio de la naturaleza de los hombres contraer obligaciones entre sí tanto por los beneficios que se hacen como por los que se reciben. Por tanto, si se considera bien todo, a un príncipe prudente no le será difícil mantener firmes los ánimos de sus ciudadanos antes y después del asedio, siempre que no les falten los medios de subsistencia y de defensa[3].

---

[1] *La mejor forma, es decir la única, es la de tener a raya a todos, sin distinción, aterrorizados; aplastarlos, y no se revolverán ni osarán respirar.* I.

[2] *No me preocupa mucho que sea así o no: no tengo necesidad.* I.

[3] *Esto último es lo esencial.* I.

XI. DE PRINCIPATIBUS ECCLESIASTICIS*

Ahora sólo nos resta hablar de los principados eclesiásticos; en ellos las dificultades se presentan antes de poseerlos, pues se adquieren o por virtud o por fortuna, y se conservan sin la una ni la otra, porque se sustentan en las instituciones seculares de la religión, que han sido tan poderosas y de tal especie que mantienen a sus príncipes en el poder sea cual sea su forma de proceder y de vivir[1]. Éstos son los únicos príncipes que tienen estado al que no deben defender; y súbditos a los que no gobiernan; y los estados, aun indefensos, no les son arrebatados; y los súbditos, aunque no estén bien gobernados, no se preocupan de ello y no piensan ni pueden alejarse de ellos. Así pues, sólo estos principados están seguros y felices. Pero, como están regidos por razones superiores que la mente humana no puede alcanzar, dejaré de hablar de ellos; porque, al ser colocados y mantenidos por Dios, sería un acto de hombre presuntuoso y temerario discurrir sobre ellos[2]. Sin embargo, alguno podría preguntarme a qué es debido que la Iglesia, como poder temporal, haya alcanzado tanta grandeza cuando, antes de Alejandro, los potentes estados italianos, no sólo aquéllos que se llamaban a sí mismos grandes, sino cualquier barón y señor, por muy pequeño que fuera, le concedían poca importancia en lo temporal, y ahora un rey de Francia tiembla ante

---

* De los principados eclesiásticos.

[1] *¡Ah, si en Francia pudiese hacerme yo mismo Augusto, y, por la religión, Sumo Pontífice!* G.

[2] *Esta ironía merecía por fuerza todos los fulgores espirituales del poder temporal del Vaticano.* G.

una Iglesia que ha podido expulsarle de Italia y hundir a los venecianos [55]; lo cual, aunque sea conocido, no me parece superfluo recordar[1].

Antes de que Carlos, rey de Francia, entrase en Italia, este país estaba bajo el poder del papa, de los venecianos, del rey de Nápoles, del duque de Milán y de los florentinos. Estos señores tenían que estar atentos a dos cosas: una, que ningún extranjero entrase en Italia con las armas; otra, que ninguno de ellos ocupara más territorio. Quiénes ofrecían mayores motivos de preocupación eran el papa y los venecianos. Y para mantener a raya a estos últimos, era necesaria la unión de todos los demás, como ocurrió en la defensa de Ferrara [56]. Para someter al papa, se servían de los barones de Roma, que, como estaban divididos en dos facciones, los Orsini y los Colonna, siempre había algún motivo de discordia entre ellos. Y al estar con las armas en la mano ante los propios ojos del pontífice, mantenían al pontificado débil y enfermo[2]. Y, aunque a veces surgiese un papa valiente como Sixto [57], sin embargo ni con su fortuna ni con su sabiduría podían librarse nunca de estas incomodidades. Y la razón de esto era la brevedad de sus vidas, pues, con diez años de media que reinaba un papa, a duras penas podía someter a una de las facciones. Y si un papa, por ejemplo, casi había destruido a los Colonna, surgía otro, enemigo de los Orsini, que los hacía resurgir, pero no le daba tiempo para eliminar a los Orsini. Esto hacía que las fuerzas temporales del papa fueran poco estimadas en Italia[3]. Surgió después Alejandro VI, que, de todos los pontífices que han existido, fue el único que mostró cómo un papa se puede imponer con la fuerza y con el dinero[4]. Y a través del duque Valentino, y aprovechando la ocasión de la llegada de los

---

[1] *No sabes defender bien los intereses de tu reputación; la corte romana no te perdonará esta historia indiscreta.* G.

[2] *Observaciones atinadas... Para meditar.* G.

[3] *Yo le tengo la misma estima.* G.

[4] *Sobre los príncipes de su tiempo y de su pueblo.* G.

franceses, hizo aquellas cosas que expuse antes al hablar de las acciones del duque. Y, aunque su intención no fuera hacer grande a la Iglesia, sino al duque, sin embargo lo que hizo redundó en la grandeza de la Iglesia, la cual, después de su muerte, una vez eliminado el duque, fue la heredera de sus esfuerzos. Vino después el papa Julio, y se encontró con una Iglesia grande, pues poseía toda la Romaña, habían sido eliminados los barones de Roma y, por medio de los golpes de Alejandro, habían quedado anuladas sus facciones[1]. Y, además, encontró el camino abierto a un método de acumular dinero [58] no utilizado nunca antes de Alejandro. Julio no sólo continuó estas cosas, sino que las acrecentó, y pensó conquistar Bolonia [59], destruir a los venecianos y expulsar a los franceses de Italia[2]. Y de todas estas empresas salió victorioso, y con tanta más gloria para él por cuanto lo hizo para aumentar el poder de la Iglesia y no el de un particular. Además mantuvo las facciones de los Orsini y de los Colonna en las mismas condiciones en que las encontró[3]; y, aunque entre ellas hubiera algún cabecilla capaz de provocar discordias, dos cosas, sin embargo, han mantenido firmes: una, la grandeza de la Iglesia, que les atemoriza, y otra, que no tengan sus cardenales, que son causa de conflictos entre ellos. Y no estarán nunca tranquilas estas facciones, si tienen cardenales[4], ya que éstos mantienen esas facciones, dentro y fuera de Roma, y aquellos barones son forzados a defenderlas. Y, así, de la ambición de los prelados[5] nacen las discordias y los tumultos entre los barones. Así pues, Su Santidad el papa León [60] ha encontrado ese pontificado poderosísimo; y si sus predecesores lo hicieron grande con las armas, se espera que él, con su bondad y todas sus infinitas virtudes, lo haga aún mayor y digno de veneración.

---

[1] *Me habría gustado poder hacer lo mismo en Francia.* I
[2] *Esto es lo que llamo obrar como un gran hombre.* G.
[3] *Esto es lo que se debe hacer en Francia.* C.
[4] *No estaría mal que hubiera más cardenales que me debieran su capelo.* C.
[5] *La utilizaré para los éxitos de la mía.* C.

XII. QUOT SINT GENERA MILITIAE ET DE MERCENARIIS MILITIBUS*

Después de haber examinado todas las características de los principados sobre los que me propuse hablar al principio, de haber analizado en cierta medida las causas de su buena o mala situación y de haber mostrado las formas con que muchos han tratado de adquirirlos y de conservarlos, ahora sólo me resta hablar en términos generales de los distintos tipos de ataques y defensa que en cada uno de ellos pueden darse. Hemos dicho más arriba que un príncipe necesita buenos cimientos, ya que, si no es así, se hundirá. Y los principales cimientos que tienen todos los estados, tanto los nuevos como los antiguos o mixtos, son las buenas leyes y las buenas armas. Y como no puede haber buenas leyes sin buenas armas, y donde hay buenas armas conviene que haya buenas leyes, omitiré hablar de las leyes y lo haré de las armas[1].

Digo, pues, que las armas con las que un príncipe defiende su estado o son suyas propias o mercenarias, o auxiliares o mixtas. Las mercenarias y auxiliares son inútiles y peligrosas[2]; y si un estado se apoya en las armas mercenarias no estará nunca tranquilo ni seguro, porque éstas están desunidas y son ambiciosas, indisciplinadas, desleales, gallardas entre los amigos, y entre los enemigos viles, no te-

---

* DE CUÁNTAS CLASES ES LA MILICIA, Y DE LOS SOLDADOS MERCENARIOS.

[1] *¿Entonces por qué el visionario Montesquieu ha hablado de Machiavelli en las páginas dedicadas a los legisladores?* C.

[2] *Es evidente cuando uno no tiene tropas propias o cuando las mercenarias o las auxiliares son más numerosas que las suyas.* G.

men a Dios ni se comportan lealmente con los hombres, y con ellas se retrasa la derrota en la medida en que se difiere el ataque; y si en épocas de paz ellas te despojan, en época de guerra lo hacen los enemigos. La causa de esto es que el único interés y el único motivo que las mantiene en el campo de batalla es una triste soldada, lo cual no es suficiente para que quieran morir por ti. Quieren ser tus soldados mientras no declares la guerra, pero en cuanto ésta estalla sólo piensan en huir o en abandonarte[1]. Y no debería costarme mucho convenceros de esto, porque la actual ruina de Italia no tiene otra causa que el haber descansado muchos años en las tropas mercenarias. Es cierto que proporcionaron victorias a algunos y parecían valientes. Pero, cuando llegó el extranjero, mostraron lo que en realidad eran. De ahí que Carlos, rey de Francia, pudiera conquistar Italia con la tiza [61]. Y tenía razón quien decía que la causa de todo eran nuestros pecados; pero no eran los pecados que él pensaba, sino los que he expuesto. Y como los pecados los habían cometido los príncipes, también ellos han pagado la pena[2].

Quiero mostrar aún mejor lo funesto de estas tropas. Los capitanes mercenarios o son excelentes hombres de armas o no lo son: si lo son, no puedes fiarte, porque siempre aspirarán a su propia grandeza o bien oprimiéndote a ti, que eres su señor, o bien oprimiendo a otros en contra de tu voluntad[3]; y si no son expertos, lo normal es que causen tu ruina[4]. Y si alguien objeta que quienquiera tenga las armas en la mano hará lo mismo, sea mercenario o no, le contestaré explicándole cómo un príncipe o una república deben utili-

---

[1] *Si exceptuamos a los suizos. I. E.*

[2] *En la época de este bendito Machiavelli se consideraba pecado todo error, tanto político como moral; y su indulgencia hacia los errores de los hombres de estado no era mayor que la de los jansenistas con los pecados de la plebe. G.*

[3] *Un ejército alistado por un predecesor, enemigo vuestro, y que en realidad tenéis a vuestras órdenes sólo porque lo pagáis, os presta servicio en calidad de ejército mercenario. I. E.*

[4] *¿Los Borbones tienen gente valiente entre los que le son fieles? I. E.*

zar las armas: el príncipe debe ir en persona y ejercer de capitán de las mismas[1]; la república tiene que mandar a sus ciudadanos, y, si manda a uno que no resulte valiente, debe cambiarlo, y si lo es, ha de sujetarlo con las leyes para que no pueda excederse en sus funciones[2]. Y la experiencia nos muestra cómo príncipes solos y repúblicas armadas obtienen grandes victorias, mientras que las armas mercenarias no ocasionan más que daño[3]; y con mayor dificultad cae bajo el poder de un ciudadano de una república armada con tropas propias[4] que otra armada con tropas de fuera.

Roma y Esparta estuvieron durante muchos siglos armadas y fueron libres. Y los suizos están armadísimos y son muy libres. Como ejemplo de tropas mercenarias antiguas tenemos a los cartagineses, que, a pesar de tener como jefes a sus propios ciudadanos, estuvieron a punto de ser sometidos por sus propios soldados mercenarios, una vez acabada la guerra con los romanos [62]. Después de la muerte de Epaminondas, Filipo de Macedonia fue nombrado por los tebanos capitán de los ejércitos, y, después de la victoria, les arrebató la libertad [63]. Los milaneses, muerto el duque Filippo, tomaron a sueldo a Francesco Sforza para que luchara contra los venecianos, y él, tras vencer a los enemigos en Caravaggio, se alió con ellos para someter a los milaneses, sus propios señores[5] [64]. Sforza, su padre, estando a sueldo de la reina Giovanna de Nápoles, la dejó de pronto desarmada, por lo que ella, para no perder su reino, se vio forza-

---

[1] *Yo lo sé, y los demás deberían saberlo, ¿pero él [Luis XVIII] es capaz?* I. E.

[2] *No hay decreto ni ley con el que se pueda contrastar. No está hecha la ley para él, emana de él.* G.

[3] *Esperad esto, ya que sólo tenéis mercenarios.* I. E.

[4] *Pero al final también ésta capitulará.* G.

[5] *Se puede hacer lo mismo con tropas asalariadas por el estado. Se trata de imbuirles el espíritu de las tropas mercenarias, lo que resulta fácil con la caja del ejército preparada, llena de los impuestos recogidos. Y resulta aún más fácil cuando se encuentra uno con su ejército en países lejanos, en donde los soldados no pueden sentir otra influencia que la de su general. ¡Te aprovechas!* G.

da a echarse en brazos del rey de Aragón[1] [65]. Y si alguien me dice que los venecianos y los florentinos han acrecentado en el pasado su poderío gracias a estas tropas y que los capitanes de las mismas los han defendido y no se han hecho príncipes[2], le respondo que los florentinos en este caso se han visto favorecidos por la suerte, porque de los capitanes virtuosos, a los cuales podían temer, algunos no llegaron a vencer[3], otros encontraron oposición[4] y otros dirigieron su ambición hacia otros sitios[5]. Uno de los que no venció fue Giovanni Aucut [66], cuya lealtad, al no vencer, no se pudo conocer, pero todos confesaron que, si hubiera vencido, los florentinos habrían estado en sus manos. Sforza siempre tuvo en su contra a las fuerzas de Braccio, de forma que se vigilaban el uno al otro[6]: Francesco[7] dirigió su ambición a Lombardía, y Braccio, contra la Iglesia y el reino de Nápoles [67]. Pero veamos lo que ha sucedido hace poco[8]. Los florentinos hicieron capitán de sus tropas a Paulo Vitelli, hombre prudentísimo, que de simple particular había adquirido una gran reputación. Si éste hubiese tomado Pisa, nadie me negará que a los florentinos les habría convenido estar de su parte, porque, si se hubiese pasado a sueldo de sus enemigos, no habrían tenido escapatoria, y, si lo hubieran mantenido como capitán, deberían haberlo obedecido[9]. Pero, si examinamos

---

[1] *Sean los que sean los brazos en los que caéis, aunque de entrada satisfagan vuestro principal deseo, al final os causarán más mal que bien.* I. E.

[2] *Se ha definido nada menos que hombre honesto al conocido Bartolomeo Colleoni, que, a pesar de tener tantas posibilidades de convertirse en señor de Venecia, no quiso hacerlo. ¡Qué estupidez aconsejar, antes de morir, a los venecianos que nunca más concediesen a alguien todo el poder militar que le habían concedido a él!* G.

[3] *Por aquí se debe empezar.* G.

[4] *Ya veremos después si existe una oposición invencible.* G.

[5] *Lo importante es ver si en otra parte alguien promete más.* G.

[6] *Hay que saber aniquilarlos.* G.

[7] *¡Sublime! ¡Es el mejor modelo!* G.

[8] *¡Por qué no vendrías después que yo!* C.

[9] *El Directorio podrá decir y decretar lo que quiera: yo seguiré siendo lo que soy, y mi ejército tendrá que obedecerme.* G.

la evolución de los venecianos, veremos que éstos actuaron de forma segura y gloriosa mientras hicieron la guerra ellos mismos, que fue antes de que dirigieran sus empresas a conquistar tierra firme. En aquellos primeros momentos los nobles y el pueblo armado actuaron virtuosísimamente[1], pero, cuando comenzaron a combatir en tierra firme, abandonaron esta virtud y siguieron las costumbres de las guerras de Italia. Al comienzo de su expansión en tierra firme, al no tener mucho poder pero sí gran reputación, no tenían nada que temer de sus capitanes mercenarios. Pero, cuando extendieron sus dominios, bajo el Carmignola [68], pudieron comprobar su error. Porque lo consideraban virtuosísimo cuando bajo su mando derrotaron al duque de Milán, pero después, al ver que perdía su interés en la guerra, pensaron que con él no volverían a vencer[2], porque no quería; y tampoco podían licenciarlo, para no perder lo que habían adquirido, así que, para protegerse de él, se vieron obligados a matarlo[3]. Después tuvieron como capitanes a Bartolomeo de Bergamo, a Ruberto de San Severino, al conde de Pitigliano [69] y a otros, con los que debían preocuparse más por las derrotas que por las conquistas, como sucedió en Vailà, donde, en un solo día, perdieron lo que en ochocientos años habían adquirido con esfuerzo[4]. Porque estas tropas sólo proporcionan lentas, tardías y débiles conquistas, y repentinas y espectaculares pérdidas. Y ya que estos ejemplos me han traído a Italia, gobernada durante muchos años por armas mercenarias, examinaré éstas desde el principio para, una vez observados sus comienzos y evolución, poder corregirlas mejor[5].

---

[1] *Es la gran ventaja de los aprietos.* C.

[2] *Me habría dado cuenta mucho antes.* I.

[3] *Es la solución más segura: yo tendría que haberla utilizado más a menudo de lo que lo he hecho. No son suficientes dos veces y tengo miedo por no haberla utilizado al menos tres veces.* I.

[4] *Peor para ellos: verán esto y más.* G.

[5] *Digresiones superfluas.* G.

Debéis tener en cuenta que, sobre todo en estos últimos tiempos, el Imperio empezó a ser rechazado [70] en Italia[1] y el papa acrecentó su prestigio en lo temporal, Italia se dividió en varios estados[2]; porque muchas de las grandes ciudades se levantaron en armas contra los nobles, que, apoyados antes por el emperador, las tenían sometidas; y la Iglesia las ayudó para aumentar su prestigio en lo temporal[3]; en otras muchas ciudades algunos de sus ciudadanos llegaron a convertirse en príncipes[4]. Por lo cual, al haber caído prácticamente Italia en manos de la Iglesia y de alguna República[5], como ni los clérigos ni los ciudadanos estaban acostumbrados al uso de las armas, comenzaron a asoldar extranjeros. El primero que dio reputación a este tipo de ejército fue el romañolo Alberico de Conio [71]. Discípulos suyos fueron, entre otros, Braccio y Sforza, que en sus tiempos fueron árbitros de Italia. Tras ellos vienen todos los que hasta nuestros tiempos han dirigido este tipo de milicias[6]. Y el resultado de su valentía militar ha sido que Italia se ha visto invadida por Carlos, depredada por Luis, violentada por Fernando y vituperada por los suizos[7]. La táctica seguida por los capitanes mercenarios ha consistido, ante todo, en destruir la reputación de la infantería para dársela a sí mismos. Así lo hicieron, porque, al no tener estado y vivir del oficio de la guerra, una infantería reducida no les daba la suficiente reputación y no podían alimentar una mayor[8]. De modo que se limitaron a la caballería, con la que eran pagados y honrados sin que su número fuera gravoso. Y las cosas llegaron

---

[1] *Lo restableceré.* G.

[2] *Desaparecerá la división.* G.

[3] *Gregorio VII, en particular, fue muy hábil en este campo.* G.

[4] *Estos tres mecanismos hay que hacerlos actuar a la vez: yo solo y para mí solo.* G.

[5] *Esto cambiará.* C.

[6] *¡Miserables cabecillas de bandidos cobardes!* G.

[7] *Meto mucho miedo, ya que, solo, he hecho lo mismo que estos tres reyes juntos; ¡y contra tropas más temibles!* C.

[8] *¡Miserable y lastimoso comportamiento!* G.

a tal extremo, que un ejército de veinte mil soldados apenas contaba con dos mil infantes[1]. Además de esto, hicieron de todo para evitar, tanto a los soldados como a sí mismos, la fatiga y el miedo: no mataban en combate, sino que hacían prisioneros sin exigir rescate[2]; de noche no atacaban las ciudades; los de la ciudad no atacaban a los de los campamentos; no construían alrededor de los campamentos ni empalizadas ni fosos; no luchaban en invierno. Y todo esto estaba permitido en sus ordenanzas militares, inventadas por ellos para huir, como hemos dicho, de la fatiga y de los peligros[3]. Así han conducido a Italia a la esclavitud y al vituperio[4].

---

[1] *Sin sentido común. ¡Y se los elogia!* G.

[2] *¡Qué cobardía y qué estupidez! Es para correrles a sablazos, trincharlos, cortarlos en trozos, aplastarlos, fulminarlos, etc.* G.

[3] *Mientras se pueda, hay que hacer lo contrario para poder contar con buenas tropas.* G.

[4] *A la fuerza tenía que pasar.* G.

XIII. DE MILITIBUS AUXILIARIIS, MIXTIS ET PROPIIS*

Las armas auxiliares, que son las otras armas inútiles, son aquéllas de las que puedes disponer cuando llamas a un poderoso para que con sus ejércitos te ayude y te defienda[1]. Así hizo recientemente el papa Julio, que, habiendo tenido en la empresa de Ferrara una triste prueba de la forma de actuar de sus tropas mercenarias, recurrió a las auxiliares, y llegó a un acuerdo con Fernando, rey de España, para que le ayudara con sus gentes y ejércitos [72]. Estas tropas pueden ser útiles y buenas para sí mismas[2], pero son casi siempre perjudiciales para quien las llama, porque, si pierdes, quedas deshecho, y si vences, quedas a su merced[3]. Y aunque de casos así estén llenas las antiguas historias[4], no me quiero apartar del ejemplo reciente del papa Julio, cuya decisión de ponerse en manos de un extranjero para obtener Ferrara no pudo ser menos meditada. Pero su buena fortuna hizo que surgiera un tercer elemento para que no recogiese los frutos de su mala elección[5]. Después de haber sido derrotadas sus tropas auxiliares en Ravenna aparecieron los suizos y expulsaron a los vencedores [73], en contra de las previsiones tanto de él mismo como de los demás. Así no

---

* DE LOS SOLDADOS AUXILIARES, MIXTOS Y PROPIOS.

[1] *¡Son inútiles! Es demasiado. Hay que pensar en un truco para darles el sentido de una incorporación con sus fuerzas, por ejemplo, la estratagema de una confederación, o la de la participación en un gran imperio.* C.

[2] *Esto es suficiente.* C.

[3] *Mi sistema de alianzas debe prevenir estos dos inconvenientes.* G.

[4] *¡Yo, destinado a desmentir esta verdad, la confirmé!* I. E.

[5] *Estas "terceras causas" siempre le han jugado una mala pasada a mi buena fortuna.* I. E.

quedó a merced ni de los enemigos, al haber éstos huido, ni de sus tropas auxiliares, pues había vencido con otras tropas[1]. Los florentinos, al estar desarmados, asoldaron a diez mil franceses para expugnar Pisa [74]; y por esto corrieron más peligro que en ningún otro momento de su difícil historia. El emperador de Constantinopla, para enfrentarse a sus vecinos, llevó a Grecia a diez mil turcos [75], quienes, acabada la guerra, no quisieron marcharse[2]; lo cual supuso el inicio de la esclavitud de Grecia con los infieles[3].

Así pues, quien quiera salir victorioso[4] que se valga de estas armas, porque son más peligrosas que las mercenarias. Pues con aquéllas la derrota está garantizada, ya que están todas unidas y obedecen a otros, pero las mercenarias, una vez hayan vencido, necesitan tiempo para perjudicarte y una ocasión más propicia, pues no forman un cuerpo único y las has buscado y pagado tú. En estas tropas, un tercero al que confíes el mando no puede adquirir enseguida tanta autoridad como para perjudicarte. En resumen, en las mercenarias es más peligrosa la desidia; en las auxiliares, la virtud[5].

Así pues, los príncipes sabios siempre han rehuido este tipo de tropas y se han valido de las suyas propias, y siempre han preferido perder con las suyas que vencer con las de otros, pues piensan que no es auténtica victoria la que se obtiene con las armas ajenas. No dudaré jamás[6] en alegar el ejemplo de Cesare Borgia y de sus acciones. Este duque entró en Romaña con tropas auxiliares capitaneadas por gente francesa y con ellas tomó Imola y Forlì[7]. Pero, después,

---

1 *Esto se llama tener suerte y ganar de papa.* G.

2 *Nosotros hicimos lo mismo en Italia, donde entramos sólo después de haber echado a las tropas de la coalición.* G.

3 *Italia tuvo mejor suerte.* I.

4 *¡Qué tonto! ¿Es posible que haya alguien tan tonto?* G.

5 *¡Sublime, de gran profundidad!* I.

6 *¡Eh! ¿Por qué dudas? Porque no estimabas su carácter moral y porque le odiaban muchos estúpidos. ¿Qué tiene que ver esto con la política?* G.

7 *¿Qué no se conquista con estas tropas? ¿Pero es tan fácil de conservar?* G.

no pareciéndole seguras tales armas, recurrió a las mercenarias, porque pensaba que en ellas no había ningún peligro, y asoldó a los Orsini y a los Vitelli. Mostrándole después
la experiencia de que estas tropas eran inseguras, desleales
y peligrosas, las suprimió y recurrió a las suyas propias[1]. Y
se puede ver fácilmente la diferencia entre unas y otras si se
considera la diferente reputación de que gozaba el duque
cuando tenía sólo a los franceses, cuando tenía a los Orsini
y a los Vitelli, y cuando se quedó con sus soldados, sostenido por sus propias fuerzas. Su prestigio creció, y nunca fue
tan respetado como cuando todos vieron que él era dueño
absoluto de sus tropas.

No deseaba apartarme de los ejemplos italianos recientes. Sin embargo, no quiero olvidar a Hierón de Siracusa, por
ser uno de los que antes he citado[2]. Éste, nombrado, como
ya dije, jefe de los ejércitos por los siracusanos, vio muy pronto que la milicia mercenaria no era útil, porque sus dirigen-
tes eran como nuestros italianos; y, pareciéndole que no los
podía ni tener ni licenciar, los mandó descuartizar a todos[3],
y después hizo la guerra con sus propias armas y no con las
ajenas[4]. También quiero traer a la memoria a una figura del
Viejo Testamento que viene muy a propósito[5]. Al ofrecerse
David a Saúl para ir a combatir a Goliat, provocador filisteo,
Saúl, para darle ánimo, le armó con sus armas, que David,
una vez puestas, rechazó, diciendo que no se podía valer
bien por sí mismo, y que quería enfrentarse a su enemigo
con su propia honda y su cuchillo.

En fin, las armas de otros o te vienen grandes, o te pe-
san, o te oprimen. Carlos VII, padre del rey Luis XI, habien-

---

[1] *Siempre ésas, antes que cualquier otra.* G.
[2] *Machiavelli me hace la corte cuando recuerda a este héroe de mi genealogía.* G.
[3] *Me sentiría feliz de haberlo podido hacer; y más aún de haberlo hecho.* I.
[4] *No hay que pasar nunca por quien debe a otros más que a sí, hasta el
más mínimo particular de su gloria y de su poder.* G.
[5] *La selección de este ejemplo es una tontería.* C.

do librado a Francia de los ingleses [76] gracias a su fortuna y a su virtud, se dio cuenta de la necesidad de armarse con sus propias tropas[1], y dictó en su reino los reglamentos de la caballería y de la infantería. Después, el rey Luis [77], su hijo, abolió el de la infantería, y comenzó a asoldar suizos[2]. Este error continuado por sus sucesores, ha sido, como ahora puede verse [78], la causa de los peligros que corre ese reino. Porque, al dar prestigio a los suizos, ha humillado a sus tropas, porque ha disuelto la infantería y ha hecho que sus militares estén supeditados a los ejércitos de otros, y porque, estando acostumbrados a luchar con los suizos, les parece que no pueden vencer sin ellos[3]. De ahí que los franceses no se crean capaces de luchar contra los suizos y sin éstos no intenten luchar contra otros. Así pues, los ejércitos de Francia han sido mixtos, en parte mercenarios y en parte propios. Y las tropas que posee hoy son mejores que las simples auxiliares o las simples mercenarias, pero muy inferiores a las propiamente francesas[4]. Y baste el ejemplo mencionado, porque el reino de Francia sería invencible si hubiera mejorado o mantenido la organización de Carlos[5]. Pero la poca prudencia de los hombres ve sólo la bondad inicial de las cosas sin darse cuenta del veneno que esconden, como dije antes al referirme a la tisis.

Por tanto, aquél que en un principado no reconoce los males cuando nacen no es sabio, y esta facultad les está reservada a muy pocos[6]. Y si se examina el origen de la ruina

---

[1] *Se necesitan tiempo y experiencias negativas para que entiendan lo que les resulta indispensable.* I. E.

[2] *¡Qué tonto! En ese caso no tenía todo el esquema en la cabeza; consideraba Francia como un prado que podía segar todos los años, y tan bajo como quería. Tuvo también su hombre de Saint-Jean-d'Angely, y en el tema de Odet se comportó bastante bien.* C.

[3] *¡Qué diferencia! No hay ni un soldado mío que no esté convencido de que puede vencer por sí solo.* I.

[4] *Compuestas fundamentalmente por franceses.* G.

[5] *Lo es, porque yo les he dado instituciones militares más sólidas.* I.

[6] *¡Incluso en este siglo de genios tan grandes!...* I. E.

del Imperio Romano, se verá que se produjo nada más comenzar a tomar a sueldo a los godos [79]; porque a partir de entonces comenzaron a debilitarse las fuerzas del Imperio Romano[1]. Y toda la virtud que se le quitaba a éste, se daba a los otros. Concluyo, pues, que sin armas propias[2] ningún principado está seguro. Al contrario, al no tener virtud que lo defienda con fe en la adversidad, depende de la fortuna. Y fue siempre opinión y sentencia de los hombres sabios, *quod nihil sit tam infirmum aut instabile, quam fama potentiae non sua vi nixa* [80]. Las armas propias son las que están compuestas o por súbditos o por ciudadanos, o por siervos tuyos: todas las demás son o mercenarias o auxiliares[3]. Y el modo de organizar un ejército propio será fácil[4], si se estudian las ordenanzas militares de los cuatro [81] que antes mencioné, y se observa la forma en que Filipo [82], padre de Alejandro Magno, y muchas repúblicas y príncipes se armaron y organizaron: a tales ordenanzas me remito[5].

---

[1] *He pensado lo mismo la primera vez que, aún niño, leí la historia de esta decadencia.* G.

[2] *Y las vuestras no son vuestras, sino mías.* I. E.

[3] *No tienen otras, aunque las que tienen están de su parte.* I. E.

[4] *No por ellos, al menos no tan de prisa.* I. E.

[5] *Bien. Pero aún mejor es tomarme a mí como referencia.* C.

XIV. QUOD PRINCIPEM DECEAT CIRCA MILITIAM*

Así pues, un príncipe no debe tener más objetivo ni más preocupación, ni dedicarse a otra cosa que no sea la guerra y su organización y estudio[1]; porque éste es el único arte que compete a quien manda, y encierra tanta virtud, que no sólo mantiene en el poder a los que son príncipes por nacimiento, sino que muchas veces también hace que los hombres particulares alcancen esa categoría[2]. Porque se observa que los príncipes, cuando han pensado más en los refinamientos que en las armas, han perdido su estado[3]. Y el motivo fundamental de que lo pierdas es descuidar este arte; y el motivo que hace que lo adquieras es ser experto en él.

Francesco Sforza, por estar armado, de particular se convirtió en duque de Milán[4], y sus sucesores, por huir de las molestias de la guerra, de duques pasaron a ser simples ciudadanos[5] [83]. Porque uno de los males que te acarrea el estar desarmado es hacerte despreciable[6], lo cual, como después diremos, es una de las infamias de las que el príncipe se debe guardar, porque no hay parangón entre un hombre armado y otro desarmado. Y no es razonable que quien esté

---

* DE LO QUE CORRESPONDE AL PRÍNCIPE EN RELACIÓN CON LA MILICIA.

[1] *Se dice que yo voy a escribir mis* Memorias. *¡Escribir! ¡Yo! ¿Me toman por un estúpido? Ya es suficiente que mi hermano Luciano componga versos. Distraerse en esas puerilidades es renunciar a reinar.* I. E.

[2] *He demostrado tanto una cosa como la otra.* I.

[3] *Es inevitable.* I. E.

[4] *¿Y entonces yo?* I. E..

[5] *Como pronto pasará a mis enemigos.* I. E.

[6] *La espada y las charreteras no te salvan del desprecio, si no tienes más que esto.* I.

armado obedezca por las buenas a quien no lo esté[1], y que el desarmado esté seguro entre servidores armados[2]. Pues, habiendo en el primero encono y en el segundo temor, no es posible que actúen bien juntos[3]. Y por eso, un príncipe que no sea versado en la milicia, además de los otros inconvenientes que hemos dicho, no puede ser estimado por sus soldados ni fiarse de ellos[4].

Por tanto, no debe apartar nunca su pensamiento del ejercicio de la guerra, y en tiempos de paz deberá ejercitarse más que en los de guerra, pudiéndolo hacer de dos formas: con sus obras y con la mente. En cuanto a las obras, además de mantener bien organizados y adiestrados a los suyos, debe practicar siempre la caza, y con ella acostumbrar su cuerpo a las incomodidades; y, mientras tanto, conocer la naturaleza de los lugares y saber dónde se alzan las montañas, cómo se abren los valles, cómo se extienden las llanuras, y estudiar la naturaleza de los ríos y de los pantanos, y en esto poner muchísima atención[5]. El ser competente en esto es útil en dos sentidos: en primer lugar, se aprende a conocer el propio país y puede prepararse mejor su defensa; y en segundo, mediante el conocimiento y la familiaridad con aquellos lugares, puede fácilmente comprenderse cualquier otro nuevo lugar que haya que explorar. Porque las colinas, los valles, las llanuras, los ríos y los pantanos que hay, por ejemplo en Toscana, tienen cierto parecido con los de otras regiones, de tal modo que del conocimiento del terreno de una provincia se puede llegar a conocer el de las otras[6]. Y el príncipe que carece de esta pericia carece de la primera condición necesaria a todo capitán; porque tal pe-

---

[1] *¿No lo ves?* I. E.

[2] *¡Y creo que lo estoy!* I. E.

[3] *Yo, sin embargo, no me mezclaría.* I. E.

[4] *¡Machiavelli, qué secreto les revelas! Pero ellos no te leen, ni te han leído nunca.* I. E.

[5] *Atesoro tus consejos.* I.

[6] *Incluid buenos mapas topográficos.* G.

ricia enseña a descubrir al enemigo, a escoger el lugar más adecuado para colocar los campamentos, a conducir a los ejércitos, a preparar el orden de batalla y a asediar las ciudades con ventaja[1].

Una de las muchas alabanzas que los escritores dirigen a Filopemen, príncipe de los aqueos [84], es que en tiempos de paz sólo pensaba en el arte de la guerra[2], y, cuando paseaba por el campo con sus amigos, se detenía a menudo y les decía: «Si los enemigos estuvieran sobre aquella colina, y nosotros estuviéramos aquí con nuestro ejército, ¿quién tendría ventaja? ¿Cómo se podría ir a su encuentro manteniendo el orden? ¿Qué deberíamos hacer si nos quisiésemos retirar? Y si ellos se retiraran, ¿cómo deberíamos seguirlos?[3]». Y mientras caminaban, les proponía todas las situaciones que pueden darse en un ejército, oía su opinión y después decía la suya apoyándola con argumentos, de tal manera que, gracias a estas continuas especulaciones, cuando conducía a sus ejércitos, nunca podía presentársele problema alguno que no pudiera resolver[4].

Pero, en lo que se refiere al ejercicio de la mente, el príncipe debe leer libros de historia[5] y estudiar las acciones de los hombres ilustres, viendo cómo se han comportado en las guerras y examinando los motivos de sus victorias y de sus derrotas, para poder evitar éstas e imitar aquéllas, y hacer lo mismo que hicieron en el pasado algunos hombres eminentes, que imitaban a los que antes que ellos habían sido alabados y glorificados[6], procurando seguir de cerca sus gestos

---

1 *¿He guardado bien tus consejos?* G.

2 *Yo pienso incluso cuando estoy durmiendo (si es que alguna vez duermo).* G.

3 *¡Cuántas veces, desde mi juventud, he hecho lo mismo!* I.

4 *No se consigue prevenir todos los problemas, pero se improvisa el remedio, cueste lo que cueste.* G.

5 *¡Ay del estadista que no lee nunca!* I. E.

6 *¿Por qué se va a limitar a uno, si se quiere ser más grande que todos? A mí me gusta Carlomagno, pero no se pueden olvidar César, Atila, Tamerlán.* G.

y acciones, como de Alejandro Magno se dice que imitaba a Aquiles, César a Alejandro y Escipión a Ciro. Y quienquiera que lea la vida de Ciro escrita por Jenofonte reconoce luego en la vida de Escipión cuánto de esa imitación le sirvió de gloria, y cuánto en la castidad, en la afabilidad, en la humanidad, en la liberalidad se adecuó Escipión a las cosas que Jenofonte había escrito de Ciro[1]. Todo esto debe hacer un príncipe sabio: no estar ocioso en tiempos de paz, sino antes bien con ingenio conseguir un capital del que pueda echar mano en la adversidad, para que, si cambia la fortuna, lo encuentre preparado para resistirla.

---

[1] *Estúpida observación*. G.

XV. DE HIS REBUS QUIBUS HOMINES ET PRAESERTIM PRINCIPES LAUDANTUR AUT VITUPERANTUR*

Queda ahora por ver cuál debe ser la forma de actuar y de comportarse de un príncipe con sus súbditos o sus amigos. Y como sé que hay muchos que han escrito sobre esto, temo que, al hacerlo ahora yo, se me considere presuntuoso, ante todo por apartarme de los criterios y principios seguidos por los demás[1]. Pero, dado que mi intención ha sido la de escribir algo útil para quien lo lea, me ha parecido más conveniente ir directamente a la verdadera realidad de la cosa[2] que a la representación imaginaria de la misma[3]. Y muchos [85] se han imaginado repúblicas y principados que nunca se han visto, y que ni siquiera se ha sabido que existieran realmente[4], pues hay tanta diferencia entre cómo se vive y cómo se debería vivir, que quien deja lo que se hace por lo que se debería hacer encuentra antes su ruina que su salvación. Pues un hombre que quiera ser bueno en todo es inevitable que fracase entre tantos que no lo son[5]. Por lo cual

---

* DE AQUELLAS COSAS POR LAS QUE LOS HOMBRES, Y ESPECIALMENTE LOS PRÍNCIPES, SON ALABADOS O VITUPERADOS.

[1] *La primera puntualización que hay que tener en cuenta para poder entender a Machiavelli.* C.

[2] *Hay que ver cómo están realmente las cosas en todas las circunstancias.* C.

[3] *Desde el punto de vista práctico la de Platón no vale mucho más que la de Jean-Jacques Rousseau.* C.

[4] *Y con la ayuda de éstos, los soñadores de moral y de filosofía juzgan a los hombres de estado.* G.

[5] *Si no son todos malos, los que lo son tienen unos recursos y una actividad que hacen parecer que todos lo son. Los más perversos son aquéllos que, cerca de ti, más se esfuerzan para aparentar los mejores.* I.

es preciso que un príncipe, si quiere conservar el poder, aprenda a no ser bueno, y serlo o no, según la necesidad[1].

Por tanto, dejando de lado todo lo imaginado acerca de un príncipe y ateniéndonos a lo que es verdad, digo que todos los hombres, cuando se habla de ellos, y máxime los príncipes por su situación preeminente, son juzgados por algunas de estas características que les acarrean o censura o alabanza. Y así, uno es tenido por liberal, otro por mezquino (usando un término toscano, porque *avaro* en nuestra lengua es el que desea poseer por rapiña, mientras que *mezquino* es para nosotros el que se abstiene demasiado de usar lo que es suyo); uno es considerado generoso, el otro rapaz; uno cruel, el otro compasivo; uno desleal, el otro fiel; uno afeminado y pusilánime, el otro feroz y atrevido; uno humano, el otro soberbio; uno lascivo, el otro casto; uno recto, el otro astuto; uno duro, otro flexible; uno ponderado, otro frívolo; uno religioso, el otro incrédulo, y así sucesivamente[2]. Y sé que todo el mundo confesará que sería muy laudable que, de todas las características mencionadas, el príncipe reuniera las consideradas como buenas[3]. Pero, como las condiciones humanas no permiten que se puedan tener todas juntas ni que se las pueda observar completamente, es necesario que el príncipe sea tan prudente como para saber evitar la infamia de aquellos vicios que le harían perder el estado; y guardar aquéllos que no se lo hagan perder, si es posible[4]; y si no lo fuera, dejándolos pasar por alto sin ningún temor[5]. Y aún más, no ha de preocuparse de que le censuren por aquellos vicios sin los cuales difícilmente podría salvar el estado; porque, si examinamos bien todo, se encontrará algo que parecerá virtud, pero que practicarlo supondrá su ruina, y algo que parecerá vicio, pero practicándole proporcionará seguridad y bienestar.

---

[1] *Se diga lo que se diga lo esencial está en salvaguardar a uno mismo y mantener el orden en el estado.* C.

[2] *Escoged, si podéis.* C.

[3] *Lo mismo que Luis XVI; pero así se acaba perdiendo el reino y la cabeza.* I.

[4] *Consejo de moralista* I.

[5] *¿Por este tipo de cualidades me despreocupo del "Qué dirán"?* I.

XVI. DE LIBERALITATE ET PARSIMONIA*

Comenzando pues por las primeras características mencionadas, digo que sería bueno que al príncipe le tuvieran por liberal; sin embargo, si practicas la liberalidad de forma que todos te consideren generoso, te perjudica; pues, si la utilizas virtuosamente y como es debido, no será conocida[1] y no te evitará el ser tachado de lo contrario. Pero si se quiere mantener entre los hombres el calificativo de liberal, no se puede dejar de lado ninguno de los componentes de la fastuosidad. Por lo cual, un príncipe así consumirá todo su patrimonio en tales obras, y al final, si quiere conservar el adjetivo de liberal, tendrá que gravar con fuertes impuestos al pueblo, ser mezquino y hacer todo lo que pueda para conseguir dinero. Lo cual comenzará por acarrearle el odio de sus súbditos[2] y la poca estima de todos y, al final, se empobrecerá. Y de esta forma, al haber perjudicado con esta liberalidad a muchos y premiado a pocos, se resentirá al primer inconveniente[3], y correrá serio peligro[4] al menor riesgo que se le presente. Y si se da cuenta de ello y pretende echarse para atrás, adquirirá pronto fama de mezquino[5].

---

* DE LA LIBERALIDAD Y DE LA PARSIMONIA.
[1] *Demasiado evangélico. ¿Para qué valdría ser liberal si no es por interés y vanidad?* C.
[2] *Aquí estoy algo reflejado, pero yo volveré a ganar la estima con deslumbrantes empresas.* I.
[3] *Iré a buscar el dinero al extranjero.* I.
[4] *Pájaro de mal agüero, ¡pero en este punto has mentido como un bellaco!* I.
[5] *No tendré esa fama.* I.

Así pues, el príncipe prudente, al no poder practicar de forma manifiesta la virtud de la liberalidad sin que revierta en perjuicio suyo, no debe preocuparse de que le califiquen de mezquino, porque con el tiempo irá aumentando su fama de liberal, cuando sus súbditos vean que gracias a su parsimonia le bastan sus rentas, puede defenderse de los que le hacen la guerra y acometer empresas sin gravar al pueblo[1], de manera que practica la liberalidad con todos aquéllos a los que no quita nada, que son muchísimos, y la mezquindad con todos aquéllos a los que no da nada, que son muy pocos[2]. En nuestros tiempos sólo hemos visto hacer grandes cosas a los que han sido considerados como mezquinos, y fracasar a los otros. El papa Julio II se sirvió de su fama de liberal para conseguir el papado[3], pero después, para poder hacer la guerra, no se preocupó de conservarlo [86]. El actual rey de Francia [87] ha hecho muchas guerras sin imponer una sola contribución extraordinaria a sus súbditos, pues, gracias a su gran parsimonia, ha sabido compensar los gastos superfluos[4]. El actual rey de España [88], si hubiese sido considerado liberal, no habría acometido ni superado tantas empresas[5].

Por tanto, un príncipe no debe dar apenas importancia a que le tachen de mezquino, si con ello no se ve obligado a robar a sus súbditos, puede defenderse, no se ve reducido a la pobreza ni forzado a convertirse en rapaz, para no caer en la mezquindad, ya que éste es uno de los vicios que lo hacen reinar[6]. Y si alguien me dijera: César alcanzó

---

[1] *¡Qué mente más obtusa!* I.

[2] *¡Qué pobre hombre!* I.

[3] *El término "liberal", considerado en la acepción metafísica, me ha resultado de gran utilidad. Expresiones como "ideas liberales", "sentimientos liberales", que por lo menos no causan daño y fascinan a todos los ideólogos, son de mi invención. Este talismán inventado por mí no servirá nada más que a mi causa y rogaré siempre en defensa de mi reino, incluso en las manos de quien me ha destronado.* I. E.

[4] *Idea mezquina.* I.

[5] *Estupideces.* I.

[6] *No me fiaría yo mucho.* C.

el imperio[1] gracias a su liberalidad [89], y muchos otros por haber sido liberales y haber tenido esta fama alcanzaron puestos importantísimos, le respondo: o bien tú ya eres príncipe o estás en vías de conseguirlo. En el primer caso, esta liberalidad es perjudicial; en el segundo, es muy necesario ser tenido por liberal[2]. Y César era uno de aquéllos que quería llegar al principado de Roma; pero, si después de alcanzarlo, hubiese sobrevivido y no hubiera moderado sus gastos, habría arruinado aquel imperio. Y si alguien replicase: han sido muchos los príncipes que con sus ejércitos han hecho grandes cosas, a pesar de tener fama de muy liberales[3], te respondo: o el príncipe gasta lo suyo y lo de sus súbditos, o lo de otros. En el primer caso, debe ser parco; en el segundo, no debe olvidar ninguno de los aspectos de la liberalidad[4]. Al príncipe que está en campaña con sus ejércitos y se nutre de botines, de saqueos y de rescates, y maneja lo que es de otros, le es necesaria esta liberalidad, pues, si no, no sería seguido por sus soldados[5]. Y con lo que no es tuyo o de tus súbditos se puede ser más espléndido, como lo fueron Ciro, César y Alejandro[6]. Porque el gastar lo de otros no te quita reputación, sino que te la añade[7], solamente te perjudica el gastar lo tuyo. Y no hay nada que se deteriore tanto por sí misma como la liberalidad, porque, mientras la usas, pierdes la facultad de usarla y te conviertes en pobre y despreciable[8], o, para huir de la

---

[1] *Mis generales saben lo que les he dado antes para que yo pudiera llegar a la situación de conferirles títulos de duque y galones de mariscal.* I.

[2] *Lo he sido de palabra y de hecho. Estos estúpidos se aturden con el diamante falso labrado con ideas liberales.* I.

[3] *Ponte a juzgarme.* C.

[4] *¿Quién lo ha hecho mejor que yo?* I.

[5] *Aquí está el secreto de los permisos que he concedido para los saqueos y rapiñas. Dejaba que se quedaran con todo lo que pudieran coger: de ahí su afecto por mí.* I. E.

[6] *Como yo.* I.

[7] *Y sirve para aumentar la primera.* I.

[8] *Si no se saben encontrar otros medios para abastecerse.* I.

pobreza, en rapaz y odioso[1]. Y una de las cosas de las que un príncipe se debe guardar es la de ser despreciable y odioso; y la liberalidad te lleva tanto a lo uno como a lo otro. Por tanto, es más sabio tener fama de mezquino, que provoca una infamia sin odio, que, por querer ser calificado de liberal, verse obligado a que te llamen rapaz, que engendra una infamia con odio[2].

---

[1] *Esto no me preocupa nada.* I.

[2] *Después de todo, no me importa mucho. Gozaré siempre de la estima y del afecto de los soldados... y de mis senadores, de mis prefectos, etc.* I.

XVII. DE CRUDELITATE ET PIETATE,
ET AN SIT MELIUS AMARI QUAM TIMERI,
VEL E CONTRA*

Prosiguiendo con las otras características mencionadas, digo que todo príncipe debe desear ser tenido por compasivo y no por cruel; sin embargo, ha de estar atento a no hacer mal uso de su compasión[1]. Cesare Borgia tenía fama de cruel y, sin embargo, aquella crueldad suya restableció el orden en la Romaña, la unificó y la redujo a la paz y a la lealtad[2]. Si se examina bien todo esto, se verá que Cesare Borgia fue mucho más compasivo que el pueblo florentino, que, para evitar que le llamaran cruel, permitió la destrucción de Pistoia [90]. Por tanto, un príncipe no se debe preocupar de que le tachen de cruel, si a cambio mantiene a sus súbditos unidos y leales[3]; porque con poquísimos castigos ejemplares será más compasivo que aquéllos que, por demasiada piedad, dejan continuar los tumultos que ocasionan matanzas o rapiñas, ya que estas últimas suelen perjudicar a toda una comunidad, mientras que las ejecuciones ordenadas por el príncipe perjudican tan sólo a un individuo[4]. Y de entre

---

* DE LA CRUELDAD Y LA COMPASIÓN, Y DE SI ES MEJOR SER AMADO QUE TEMIDO, O MÁS BIEN TEMIDO QUE AMADO.

[1] *Es lo que pasa siempre que uno llega a tener fama de compasivo.* I. E.

[2] *No dejéis de gritarles que este Borgia era un monstruo del que había que apartar la vista; no dejéis de hacerlo, y así no aprenderán de él lo que destruiría mis planes.* I. E.

[3] *Procura no decírselo; por otra parte, no parece que estén muy dispuestos a entenderte.* I. E.

[4] *A mí me gustaría ofender a todos, aunque sólo fuera por la impunidad de los míos.* I. E.

todos los príncipes, al príncipe nuevo, al estar los estados nuevos llenos de peligros, le es imposible evitar que le llamen cruel[1]. Y Virgilio[2], en boca de Dido, dice:

Res dura, et regni novitas me talia cogunt
Moliri, et late fines custode tueri [91].

Sin embargo, debe ser ponderado en sus juicios y en sus actuaciones, no tener miedo de sí mismo[3], y proceder moderadamente con prudencia y humanidad, para que la demasiada confianza no le haga incauto y la demasiada desconfianza no le vuelva intolerable[4]. De esto surge una discusión: si es mejor ser amado que temido, o al contrario[5]. La respuesta es que sería conveniente tanto lo uno como lo otro. Pero, como es muy difícil reunir ambas cosas, es mucho más seguro ser temido que amado, en el caso de que haya de prescindirse de una de las dos[6]. Porque de los hombres en general se puede decir esto: que son ingratos, volubles, hipócritas, huyen del peligro y están ávidos de ganancia[7]; y mientras te portas bien con ellos y no los necesitas, son todo tuyos, te ofrecen su sangre, sus bienes, su vida, y hasta a sus hijos[8], como dije antes. Pero, cuando llega el momento, te dan la espalda. Y aquel príncipe que lo ha basado todo en sus promesas[9], al encontrarse falto de otros preparativos, se hunde. Porque las amistades que se adquieren a costa de recompensas y no con grandeza y no-

---

[1] *Ellos son nuevos; para ellos el estado es nuevo; ¡y quieren ser sólo misericordiosos!* I. E.

[2] *Por suerte Virgilio no es el poeta que más me gusta.* I. E.

[3] *Es fácil decirlo.* C.

[4] *¡Perfecto! ¡Sublime!* C.

[5] *Esta discusión no me interesa.* C.

[6] *A mí me basta una.* C.

[7] *Querían engañar a los príncipes aquéllos que sostenían que todos los hombres son buenos.* C.

[8] *Cuenta con esto.* I. E.

[9] *¡Bonito valor de los discursos!* I. E.

bleza de ánimo[1], se compran, pero no se poseen, y cuando las necesitas no puedes contar con ellas. Y los hombres temen menos ofender a uno que se hace amar que a uno que se hace temer[2]. Porque el amor se mantiene por un vínculo basado en la obligación, que los hombres, al ser malvados, rompen en la primera ocasión que les viene bien; pero el temor se mantiene gracias al miedo al castigo, lo cual no te abandona jamás[3]. El príncipe, sin embargo, debe hacerse temer de tal modo que, si no consigue el amor, al menos evite el odio[4], porque es perfectamente posible ser temido y no odiado. Esto lo conseguirá siempre que se abstenga de tocar los bienes y las mujeres de sus conciudadanos y de sus súbditos[5]. Y si le fuese necesario proceder contra la familia de uno de ellos, deberá hacerlo cuando haya una causa manifiesta[6] y conveniente justificación. Pero, sobre todo, debe abstenerse de tocar los bienes de los demás[7], porque los hombres olvidan antes la muerte de su padre que la pérdida de su patrimonio[8]. Además, las razones para arrebatar los bienes no faltan nunca, y aquél que comienza a vivir con rapiña siempre encuentra alguna razón para apropiarse de lo que pertenece a otros[9]. Por el contrario, los motivos para matar a alguien son más raros y duran menos[10].

Pero cuando el príncipe está con sus ejércitos y tiene bajo sus órdenes a una multitud de soldados, entonces es absolutamente necesario no preocuparse de que a uno le llamen

---

[1] *Pero conviene saber en qué consiste ésta para un príncipe de un estado tan difícil. I. E.*

[2] *Aquéllos creen todo lo contrario. I. E.*

[3] *Conviene que ese miedo te vaya pisando los talones. C.*

[4] *Demasiado molesto. I.*

[5] *Se limitan demasiado las prerrogativas de los príncipes. I.*

[6] *Si no hay reales, se inventan. Para mis golpes de Estado puedo contar con hombres más inteligentes que Gabriel Naudé. C.*

[7] *Es la única broma pesada que me jugó el mapa de Luis XVIII. I. E.*

[8] *Observación profunda, que se me había escapado. I. E.*

[9] *La facilidad en encontrar excusas es una de las ventajas del poder. C.*

[10] *¡Qué ignorante! ¡No sabía que se podían inventar! C.*

cruel; pues, sin esta fama, no se mantiene nunca el ejército unido ni se lleva a cabo una operación militar[1]. Entre las admirables acciones de Aníbal se encuentra ésta: teniendo un ejército grande, formado por infinitas clases de hombres, que además era llevado a luchar a tierras ajenas[2], jamas surgió dentro de él disensión alguna, ni entre ellos ni contra el príncipe, tanto en los momentos de buena como de mala fortuna[3]. Lo cual sólo pudo deberse a su inhumana crueldad, que, junto a sus infinitas virtudes, lo presentó siempre, a ojos de sus soldados, temido y respetado. Y sin aquélla no le hubieran bastado sus demás virtudes para conseguir tal resultado[4]. Y los escritores, poco considerados con esto, por una parte admiran este logro suyo y por otra condenan la razón principal del mismo[5]. Y para que se vea que es cierto que sus otras virtudes no le habrían bastado, se puede examinar el ejemplo de Escipión, hombre singularísimo no sólo en su tiempo, sino en todas las épocas de que guardamos recuerdo[6], al que se le rebelaron sus ejércitos en España [92]. Y esto sólo se debió a su excesiva clemencia, pues dio a sus soldados más permiso de lo que convenía a la disciplina militar[7]. Fabio Massimo se lo reprochó en el senado y le llamó corruptor de la milicia romana. Y cuando los habitantes de Locros [93] fueron destruidos por un legado suyo, Escipión no los vengó ni corrigió la insolencia del legado, todo lo cual provenía de aquel carácter suyo tan blando, de tal manera que hubo quien quiso excusarlo en el senado diciendo que había muchos hombres a los que les era más fácil no errar

---

[1] *Yo empecé por ahí para llevar a Italia el ejército, a cuya cabeza me había puesto en 1796.* G.

[2] *El mío, cuando entró en Italia, no presentaba menos elementos de discordia y rebelión.* G.

[3] *Lo mismo se puede decir de mi ejército.* G.

[4] *Sin duda.* G.

[5] *Así se nos juzga siempre.* G.

[6] *Admiración muy tonta.* G.

[7] *No se debe conceder nada más que cuando uno saca mucho provecho.* G.

que corregir los errores[1]. Y este carácter, con el tiempo, habría empañado la fama y la gloria de Escipión, de haber perseverado con él en el ejercicio del mando. Pero, actuando bajo las órdenes del senado, esta perjudicial característica suya no sólo quedó oculta, sino que le procuró gloria[2].

Concluyo, pues, volviendo a lo de ser temido y amado, que puesto que los hombres aman cuando a ellos les viene bien, y temen cuando le viene bien al príncipe, un príncipe sabio debe apoyarse en lo que es suyo[3] y no en lo que es de otros; tan sólo debe ingeniárselas, como hemos dicho, para evitar que le odien[4].

---

[1] *Lo segundo vale tanto como lo primero.* G.
[2] *¡Bonita gloria!* G.
[3] *¡Es lo más seguro!* G.
[4] *A no ser que esto produzca mucho cansancio y dificultades.* C.

XVIII. QUOMODO FIDES A PRINCIPIBUS
SIT SERVANDA*

Todo el mundo[1] sabe cuán loable es que un príncipe mantenga la palabra dada y que viva con integridad y no con astucia[2]. Sin embargo, en nuestros días hemos visto que los príncipes que han hecho grandes cosas[3] han tenido muy poco en cuenta la palabra dada y han sabido burlar con astucia el ingenio de los hombres[4], superando al final a los que se han basado en la lealtad[5].

Por tanto, debéis saber que hay dos formas de combatir: una con las leyes, la otra con la fuerza. La primera es propia del hombre; la segunda, de los animales. Pero, como la mayoría de las veces la primera no es suficiente conviene recurrir a la segunda[6]. Por tanto, a un príncipe le es necesario saber utilizar correctamente el animal y el hombre. Esto se lo enseñaron a los príncipes de forma velada los antiguos escritores, que cuentan cómo Aquiles y muchos otros príncipes antiguos fueron entregados al centauro Quirón [94] para que los alimentara y los custodiase bajo su disciplina[7]. El hecho de tener como preceptor a alguien mitad animal y mi-

---

* DE CÓMO LOS PRÍNCIPES HAN DE MANTENER LA PALABRA DADA.

[1] *O sea, el vulgo.* G.

[2] *El Machiavelli que aquí admira la buena fe, la sinceridad y la honradez no parece estadista.* G.

[3] *Son grandes ejemplos que le obligan a razonar en el sentido de mi deseo de hacer cosas parecidas.* G.

[4] *Arte que aún se puede perfeccionar.* G.

[5] *Los tontos están en el mundo para nuestros pequeños placeres.* G.

[6] *Es la mejor, ya que sólo hay que tratar con animales.* C.

[7] *Explicación que nadie había sabido dar antes de Machiavelli.* G.

tad hombre significa que al príncipe le es necesario saber utilizar cualquiera de las dos naturalezas, y que la una sin la otra no aguanta.

Así pues, como al príncipe le es preciso saber utilizar bien su parte animal, debe tomar como ejemplo a la zorra y al león; pues el león no sabe defenderse de las trampas ni la zorra de los lobos[1]. Es indispensable, pues, ser zorra para conocer las trampas y león para asustar a los lobos. Aquéllos que simplemente se comportan como leones no comprenden nada de esto[2]. Por consiguiente, un señor prudente no puede, ni debe, mantener la palabra dada cuando tal cumplimiento se le vuelve en contra y hayan desaparecido los motivos que le hicieron prometer[3]. Y si los hombres fueran todos buenos, este precepto no valdría[4], pero, como son malvados y no te guardarían a ti su palabra, tú tampoco tienes por qué guardársela a ellos[5]. Y a un príncipe jamás le faltaron motivos legítimos para justificar el incumplimiento de lo apalabrado[6]. De esto se podrían dar infinitos ejemplos y mostrar cuántas paces y cuántas promesas han sido inútiles y vanas, por el incumplimiento de los príncipes[7]. Y aquél que mejor ha sabido comportarse como una zorra ha salido ganando; pero es necesario saber disfrazar bien esta naturaleza, y ser un gran simulador y disimulador[8]. Y los hombres son tan simples, y obedecen tanto a las necesidades del momento, que el que engaña encontrará siempre uno que se deje engañar[9].

---

[1] *En la práctica política todo esto es demasiado real.* G.

[2] *Es bonito hasta el ejemplo.* G.

[3] *No hay otra salida.* G.

[4] *Admirable enmienda de moralista.* G.

[5] Par pari refertur [A falta de pan buenas son tortas]. G.

[6] *Por este motivo tengo hombres con mucho ingenio.* I.

[7] *Por regla general es mayor la ventaja que se saca incluso para los súbditos, que el escándalo que se puede dar.* I.

[8] *Los más listos no me podrían disputar esta naturaleza. Ya dirá algo el papa.* I.

[9] *Mentid descaradamente; el mundo está plagado de estúpidos: entre la masa, siempre muy credulona, hay muy pocas personas que lo pondrán en duda, y no se atreverán a decirlo.* C.

No quiero silenciar uno de los ejemplos recientes. Alejandro VI no hizo ni pensó otra cosa que no fuera engañar a los hombres, y siempre encontró a alguien a quien poder hacérselo[1]. Y nunca hubo hombre alguno que aseverase con mayor rotundidad, y que con mayores juramentos afirmase algo y que menos lo cumpliese. Pero le salieron los engaños según sus deseos, porque conocía bien este aspecto del mundo[2].

Por tanto, a un príncipe no le es vital poseer las características citadas, sino parecer que las tiene. Me atreveré incluso a decir que si las tiene y las observa siempre son perjudiciales, pero que si se aparenta tenerlas son útiles[3]. O sea, parecer compasivo, fiel, humano, íntegro, religioso y serlo[4]; pero estar con el ánimo dispuesto de tal manera que, si es necesario no serlo, puedas y sepas cambiar a todo lo contrario. Y se ha de saber que un príncipe, y máxime un príncipe nuevo, no puede observar todo por lo que los hombres son considerados buenos, pues a menudo, para conservar el estado, necesita obrar contra la fe, contra la caridad, contra la humanidad y contra la religión[5]. Pero es fundamental que tenga el ánimo dispuesto a cambiar según los vientos de la fortuna y las variaciones de las cosas se lo exijan, y, como se dijo más arriba, no alejarse del bien si se puede[6], pero saber entrar en el mal si lo necesita.

Por tanto, un príncipe cuidará de que no salga de su boca cosa alguna que no esté llena de las cinco características se-

---

[1] *Tipos y ocasiones no faltan.* C.

[2] *¡Qué hombre más decidido! Aunque no honrase la tiara, al menos engrandeció sus estados, y la Santa Sede tiene que agradecerle mucho. Ha llegado la hora de las contrapartidas.* I.

[3] *Los tontos, que creen que este consejo vale para todos, no se dan cuenta de la enorme diferencia que hay entre la condición de príncipe y de súbdito.* I.

[4] *En los tiempos que corren es mucho mejor pasar por hombre honesto que serlo.* I.

[5] *Siempre que tenga una.* C.

[6] *Machiavelli es duro.* C.

ñaladas antes, y que, cuando se le vea y se le oiga, parezca todo piedad, todo fe, todo integridad, todo humanidad, todo religión[1]. Y no hay nada más necesario que aparentar poseer esta última característica[2]. Y los hombres en general juzgan más por los ojos que por las manos; porque a todos les es dado ver, pero a pocos sentir. Todos ven lo que tú aparentas, pero pocos sienten lo que eres[3], y estos pocos no se atreven a oponerse a la opinión de la mayoría, que tiene además la fuerza del estado para que la defienda[4]. Y en las acciones de todos los hombres, y máxime de los príncipes, donde no hay tribunal a quien reclamar, se atiende al resultado. Haga pues el príncipe todo lo posible por ganar y conservar el estado, y los medios serán juzgados honorables y alabados por todos. Pues el vulgo se deja seducir siempre por la apariencia y por el resultado final de algo[5], y en el mundo no hay más que vulgo, y la minoría no tiene sitio cuando la mayoría tiene donde apoyarse[6]. Cierto príncipe de estos tiempos, al que no está bien nombrar [95], sólo predica paz y fe, y es acérrimo enemigo tanto de la una como de la otra y, si hubiese observado una u otra, le habrían arrebatado o la reputación o el estado.

---

[1] *Se pretende mucho. No es tan sencillo. Se hace lo que se puede.* C.
[2] *Un buen consejo para su época.* C.
[3] *¡Eh! Si al menos lo sospecharan...* C.
[4] *Cuenta con esto.* I.
[5] *Ganad siempre, no importa cómo, y siempre tendréis razón.* I.
[6] *¡Fatal, eternamente fatal la retirada de Moscú!* I. E.

XIX. DE CONTEMPTU ET ODIO FUGIENDO*

Pero, puesto que he hablado de las más importantes características mencionadas anteriormente, hablaré ahora de las otras con brevedad, ateniéndome al siguiente criterio general: el príncipe ha de pensar, como en parte se ha dicho más arriba, en evitar todo aquello que lo haga odioso o despreciable[1]; y cada vez que evite esto habrá cumplido con la parte que le toca y no encontrará en las demás infamias peligro alguno[2]. Le hace odioso, sobre todo, como ya dije, el ser rapaz y usurpador de los bienes y de las mujeres de sus súbditos, de lo cual se debe abstener[3], pues, cuando a la mayoría de los hombres no se les arrebatan ni los bienes ni el honor, viven contentos, y sólo se ha de combatir con la ambición de algunos pocos, la cual se refrena de muchas formas y fácilmente[4]. Despreciable le hace el ser considerado voluble, frívolo, afeminado, pusilánime e indeciso: de todo esto debe guardarse un príncipe como de un escollo, e ingeniárselas para que en sus acciones se vea grandeza de ánimo, valor, gravedad y fortaleza[5]. Por lo que respecta a los manejos privados de sus súbditos, ha de mantener su sentencia de forma irrevocable[6], dando de sí mis-

---

* DE CÓMO HUIR DE SER DESPRECIADO Y ODIADO.

[1] *No tengo miedo al desprecio. He realizado empresas muy importantes; me admiran, a pesar de todo. Sabré compensar el odio.* C.

[2] *Es lo que necesito.* C.

[3] Est modus in rebus [En todas las cosas hay una medida]. C.

[4] *No es tan fácil.* I.

[5] *¡Ingeniárselas! Es imposible si no se parte de aquí.* I. E.

[1] *Esencial para que desaparezca toda esperanza de perdón en los conspiradores; de lo contrario, uno está perdido.* C.

mo tal opinión que nadie piense en engañarle ni en confundirle[1].

El príncipe que da de sí esta opinión tiene gran reputación, y contra alguien tan bien conceptuado difícilmente se puede conjurar[2], pues a alguien del que se sabe que es excelente y que es reverenciado por los suyos se le ataca con dificultad. Porque un príncipe debe tener dos temores: uno interior, de sus súbditos; otro exterior, de los extranjeros poderosos; de este temor le es posible defenderse con buenos ejércitos y con buenos aliados[3]. Y siempre que tenga buenos ejércitos tendrá buenos aliados, y siempre que estén tranquilas las cosas de fuera lo estarán las de dentro, a menos que fueran perturbadas por una conjura[4]; y, aun cuando los asuntos de fuera se agitaran, si el príncipe se ha organizado y ha vivido como he dicho, siempre que no se abandone[5] podrá hacer frente a cualquier ataque, tal como dije que hizo el espartano Nabis [96]. Pero, en cuanto a los súbditos, cuando las cosas en el exterior estén en calma, debe temerse que no se conjuren secretamente, de lo que el príncipe se asegura en gran medida evitando ser odiado o despreciado y manteniendo al pueblo satisfecho. Conseguir esto es fundamental, como ya dije antes por extenso[6]. Y uno de los más potentes remedios que tiene un príncipe contra las conjuras es no ser odiado por la mayoría, porque el que conjura siempre cree satisfacer al pueblo con la muerte del príncipe[7]. Pero, cuando piensa que ha de ofenderlo, no se anima a tomar esta decisión, porque los conjurados se encuentran en-

---

[1] *Tienen mucho más que un simple pensamiento; abrigan la esperanza, la facilidad e incluso la certeza del éxito.* I. E.

[2] *Hay siempre bandidos que no lo aprecian.* I. E.

[3] *He dado pruebas convincentes, y he alcanzado el máximo con mi matrimonio.* I.

[4] *He sofocado las que han urdido.* I.

[5] *Sujetaré bien las bridas.* C.

[6] *Repetición insulsa.* I.

[7] *Esto no se toma en consideración en relación conmigo.* C.

tonces con infinitas dificultades[1]. Y por experiencia se ve que han sido muchas las conjuras, y pocas han llegado a buen fin; porque el que conjura no puede estar solo, ni tampoco puede procurarse otra compañía que la de los que piense que están descontentos[2]. Y cuando le desvelas tu ánimo a algún descontento[3], enseguida le das motivo para alegrarse, porque evidentemente puede sacar ventajas de una delación, de tal modo que, al ver la ganancia segura por esta parte[4], y, por la otra, una situación incierta y llena de peligros[5], es necesario o que sea un amigo fuera de lo común, o que sea totalmente enemigo del príncipe para que no le traicione. Y para resumirlo en pocas palabras, digo que por parte del conjurado sólo hay miedo, recelo, temor al castigo, por lo cual se acobarda; pero al príncipe le defienden la autoridad del principado, las leyes y el apoyo de los amigos y del estado[6]. Y si a esto se añade la benevolencia popular, es imposible que haya nadie tan temerario como para conjurar[7]. Porque, si normalmente el conjurado debe temer antes de ejecutar el mal, en este caso, teniendo al pueblo como enemigo[8], debe continuar temiendo incluso después de haber realizado el delito, pues no puede esperar ayuda de nadie.

De esta materia se podrían dar infinitos ejemplos[9], pero me voy a contentar sólo con uno, que tuvo lugar en época de nuestros padres. Micer Annibale Bentivoglio, príncipe de Bolonia y abuelo del actual micer Annibale, fue asesinado

---

[1] *Me tranquiliza.* C.
[2] *Se infiltra un traidor, y luego se da un golpe de estado.* C.
[3] *Sobre todo si antes lo he comprado.* C.
[4] *Él puede contar con una buena recompensa.* C.
[5] *Por una parte, no tiene nada que temer; y por la otra, todo que ganar.* C.
[6] *Mis defensas en este campo son de la mayor eficacia.* I.
[7] *Siempre queda un número muy importante de maleantes, ¡para eso están los vigilantes!* I.
[8] *¡El pueblo! ¿No es quizá un desagradecido dispuesto a ponerse de parte del que vence, sobre todo cuando éste lo deslumbra?* I.
[9] *El ánimo blandengue de nuestra época no permite que se repitan ejemplos parecidos.* C.

por los Canneschi, que conjuraron én su contra; y de su familia sólo se salvó micer Giovanni, que era un niño de pañales. Pero, inmediatamente después del homicidio, el pueblo se levantó y mató a todos los Canneschi [97]. La causa de esto fue el favor popular de que gozaba la casa de los Bentivoglio en aquellos tiempos; fue tanto que, una vez muerto Annibale, no quedando nadie en Bolonia que pudiese gobernar el estado, y teniendo noticias los boloñeses de que en Florencia había un descendiente de los Bentivoglio, que hasta entonces había sido considerado hijo de un herrero [98], vinieron por él a Florencia y le dieron el gobierno de la ciudad, que fue gobernada por él hasta que micer Giovanni tuvo edad conveniente para hacerlo[1] [99].

Concluyo, pues, diciendo que un príncipe no debe preocuparse de las conjuras cuando tenga el apoyo del pueblo[2], pero, cuando este último esté en su contra y lo odie, debe temer todo y a todos[3]. Y los estados bien organizados y los príncipes sabios siempre han procurado con toda diligencia no desesperar a los poderosos[4] y satisfacer al pueblo y tenerlo contento[5]; porque ésta es una de las cuestiones más importantes para un príncipe.

Entre los reinos bien organizados y gobernados en nuestros días se encuentra el de Francia, y en él hay infinitas instituciones buenas de las que dependen la libertad y la seguridad del rey: la primera es el parlamento y su autoridad[6] [100]. Por-

---

[1] *¡Ah, si fueran capaces de venir de Viena para hacer algo parecido! Si ellos no están dispuestos a venir a buscarme:* eamus et nos [movámonos nosotros]. I. E.

[2] *Aquí Machiavelli se olvida de que ha dicho que los hombres son malos.* I.

[3] *Yo no he dormido.* I.

[4] *Pero los nobles, a los que yo me he visto obligado a crear, se vuelven furiosos, si dejo un instante de ahogarlos en riquezas.* I.

[5] *No puedo tranquilizar a estos hambrientos nada más que creando descontento entre el pueblo.* I.

[6] *Tu admiración está justificada; pero había que destruirlos para derribar más tarde el trono de los Borbones, sin el cual, después de todo, el mío no habría podido existir. También yo me dotaré lo más pronto posible de la misma institución.* I.

que el que estructuró aquel reino, conociendo la ambición y la insolencia de los poderosos, y juzgando que era necesario que tuviesen un freno que les contuviera, conociendo por otra parte el odio hacia los poderosos que el miedo produce en el pueblo, y queriendo darles seguridad, no quiso que ésta fuera tarea particular del rey para evitarle los reproches que le pudieran hacer los grandes señores, si favorecía al pueblo, y los que le pudiera hacer el pueblo, si favorecía a los grandes. Por ello creó un tercer juez, que fuese quien, sin responsabilidad del rey, escarmentara a los grandes y favoreciese a los pequeños[1]. Y esta disposición no pudo ser mejor ni más prudente, ni pudo garantizar mejor la seguridad del rey y del reino. De esto se puede extraer otro principio importante: que los príncipes deben hacer que otros ejecuten las disposiciones impopulares, y ejecutar ellos mismos las disposiciones favorables a los súbditos[2]. Concluyo de nuevo diciendo que un príncipe debe estimar a los nobles, pero no hacerse odiar por el pueblo.

A muchos les parecerá, tras examinar la vida y muerte de algunos emperadores romanos, que hay ejemplos contrarios a esta opinión mía, pues han encontrado a alguno que, pese a vivir siempre egregiamente y mostrar gran valor, perdió el imperio o fue asesinado por aquellos súbditos suyos que conjuraron en su contra. Queriendo, pues, responder a estas objeciones, hablaré de las características de algunos emperadores y mostraré las causas de su ruina, no distintas de las que he aducido; y por tanto resaltaré aquello que es notable para quien lea las acciones de aquellos tiempos[3]. Me bastará tomar como ejemplo a todos aquellos emperadores que desde Marco, el filósofo, hasta Maximino [101], se sucedieron en el imperio, y que fueron los siguientes: Marco,

[1] *¡Estupendo!* I.

[2] *En la situación actual al rey le tocan todas las cuestiones espinosas, mientras que sus ministros se reservan la concesión de todos los favores, ¡qué maravilla!* I. E.

[3] *No muy leídas, a no ser como novelas.* C.

su hijo Cómodo, Pertinax, Juliano, Severo, su hijo Antonino Caracalla, Macrino, Heliogábalo, Alejandro y Maximino. Y ante todo hay que tener en cuenta que, mientras en los demás principados sólo se ha de luchar contra la ambición de los poderosos y contra la insolencia de los pueblos, los emperadores romanos tenían además una tercera dificultad: tener que soportar la crueldad y la avaricia de los soldados. Y esto era tan difícil[1], que fue la causa de la ruina de muchos, pues era muy espinoso satisfacer a los soldados y a los pueblos. Porque los pueblos amaban la paz, y por ello amaban a los príncipes modestos[2], mientras que los soldados querían un príncipe que tuviese espíritu militar y que fuese insolente, cruel y rapaz; y querían que el príncipe se comportase así con los pueblos para poder tener un doble estipendio y desfogar su avaricia y crueldad[3]. Por lo que aquellos emperadores que por naturaleza o por oficio no tenían una gran reputación, capaz de mantener a los soldados y al pueblo sujetos[4], siempre fracasaban. Y la mayoría de ellos, sobre todo los que alcanzaban el principado como hombres nuevos, cuando se daban cuenta de la dificultad de estas dos distintas tendencias se dedicaban a satisfacer a los soldados[5], importándoles muy poco perjudicar al pueblo. Esta decisión era necesaria[6] porque, no pudiendo los príncipes evitar que alguien los odie[7], se deben esforzar en no ser odiados por la mayoría y, si no pueden conseguir esto,

---

[1] *Lo sé muy bien.* I.

[2] *Estoy muy desconcertado: a mí no se me imputa ambición guerrera, sino a mis soldados, a mis generales, que me la presentan como una necesidad primaria. Me matarían si les dejase durante más de dos años sin presentarles el atractivo de una guerra.* I.

[3] *Me presionan por los mismos motivos. Cuando se depende de ellos, los soldados son iguales en todas partes.* I.

[4] *He conseguido sujetar a los dos, pero todavía no suficientemente.* I.

[5] *No tengo por qué ocultármelo: aún me encuentro en esa situación, en todos los aspectos.* I.

[6] *Ésta es mi disculpa frente a la posteridad.* I.

[7] *Es completamente cierto.* I.

deben ingeniárselas por todos los medios para evitar el odio de aquellas mayorías más poderosas[1]. Por eso, aquellos emperadores que por ser nuevos tenían necesidad de favores extraordinarios se ponían al lado de los soldados antes que de los pueblos; lo cual, sin embargo, les resultaba beneficioso o no, dependiendo de que supieran mantener la reputación ante ellos[2]. A las razones mencionadas se debió que Marco, Pertinax y Alejandro, aun siendo todos de vida modesta, amantes de la justicia, enemigos de la crueldad, humanos y benignos[3], tuvieran un triste final[4]. Marco [102] fue el único que vivió y murió respetado por todos, pues había accedido al imperio por derecho hereditario y no se lo debía ni a los soldados ni al pueblo[5]; además, al tener muchas virtudes que lo hacían respetable, mantuvo durante toda su vida a uno y a otro grupo dentro de sus límites, y no fue nunca ni odiado ni despreciado[6]. Pero Pertinax fue elegido emperador [103] contra la voluntad de sus soldados, que, como estaban acostumbrados a vivir licenciosamente bajo Cómodo, no pudieron soportar aquella honesta vida que Pertinax les quería obligar a llevar[7]; por lo que, habiéndose hecho odiar[8], que se vino a añadir al desprecio que le tenían por ser viejo[9], fracasó en los primeros momentos de su administración.

Y aquí hay que señalar que el odio se adquiere tanto con las actuaciones buenas como con las malvadas; por eso, como dije antes, si un príncipe quiere conservar el estado,

---

[1] *Siempre es el ejército, sobre todo si es tan numeroso como el mío.* I.

[2] *Hacer todo por esto: estoy obligado.* I.

[3] *En este caso, virtudes fuera de lugar. Hay que deplorar el hecho de no ser capaces de sustituirlo con las virtudes políticas que se necesitan en un momento determinado.* I.

[4] *Sólo podía ser así, y yo lo habría previsto.* I.

[5] *Esta fortuna no está reservada nada más que a mi hijo.* I.

[6] *Si se me concediera renacer para suceder a mi hijo, sería adorado.* I.

[7] *No podían hacer de otra forma.* I. E.

[8] *Es inevitable.* I. E.

[9] *Esto no se refiere a mí.* I. E.

se ve obligado con frecuencia a no ser bueno[1]; porque, cuando aquella mayoría, ya sean pueblos, soldados, o nobles, que tú piensas que necesitas para mantenerte está corrompida, te conviene seguir sus inclinaciones para satisfacerla[2]; y entonces las buenas obras te son enemigas[3]. Pero vayamos a Alejandro [104], que fue tan bondadoso que entre las muchas alabanzas que mereció se encuentra la de que, en catorce años que estuvo en el poder, no fue ejecutado nadie sin un juicio previo. Sin embargo, como se le tenía por afeminado[4] y por hombre que se dejaba dominar por su madre[5], y por esto fue despreciado, el ejército conspiró contra él y lo asesinó.

Si ahora, por el contrario, se examinan las características de Cómodo, de Severo, de Antonino Caracalla y de Maximino, las encontraréis muy crueles y rapaces. Pues, para tener satisfechos a sus soldados, no perdonaron ningún tipo de injuria que se pudiera cometer contra el pueblo; y todos, excepto Severo [105], tuvieron un triste fin. Porque Severo tuvo tanta virtud que, conservando de su lado a los soldados, pudo reinar siempre felizmente a pesar de tener oprimidos a los pueblos[6]; porque aquellas características suyas lo hacían tan admirable a los ojos de sus soldados y de los pueblos que éstos se quedaban en cierta manera atónitos y estupefactos[7], y aquéllos reverentes y satisfechos[8]. Y como las acciones de éste fueron grandes y notables para un prín-

---

[1] *Aquéllos no saben dejar de serlo.* I. E.

[2] *Es lo que quieren hacer, pero van en dirección opuesta y desconocen la fuerza de su partido.* I. E.

[3] *Es lo que les puede ocurrir a ellos.* I. E.

[4] *Es imposible sustraerse a esta reputación, si no se cultiva nada más que la bondad.* I. E.

[5] *Es mucho peor cuando se pasa a estar gobernados por ministros incapaces y desacreditados.* I. E.

[6] *¡No he dejado de fijarme en este sublime modelo!* I.

[7] *¡Han admirado en mí únicamente las grandes empresas que yo he realizado con ellos!* I.

[8] *Respeto y admiración hacen que ellos se sientan como si así estuvieran.* I.

cipe nuevo, quiero mostrar brevemente lo bien que supo usar los caracteres de la zorra y del león, cuyas naturalezas, como he dicho antes, debe imitar un príncipe[1]. Conociendo Severo la desidia del emperador Juliano [106], convenció a su ejército, con el que por entonces estaba acampado en Eslavonia [107], de la conveniencia de ir a Roma a vengar la muerte de Pertinax, asesinado por los soldados pretorianos[2]. Y con este pretexto, sin dejar ver que aspiraba al imperio, dirigió su ejército contra Roma. Antes de que se conociese su partida ya estaba en Italia[3]. Después de llegar a Roma, el senado, atemorizado, le nombró emperador[4] y Juliano fue asesinado[5]. Pero, tras este comienzo, Severo tenía que enfrentarse con dos obstáculos si quería ser dueño de todo el estado: uno en Asia, donde Níger [108], jefe de los ejércitos asiáticos, se había hecho nombrar emperador, y otro en poniente, donde estaba Albino [109], quien también aspiraba al imperio[6]. Y como juzgó peligroso declararse enemigo de los dos a la vez, deliberó atacar a Níger y engañar a Albino[7]. A este último le escribió diciéndole que, habiendo sido elegido emperador por el senado, quería compartir aquella

---

[1] *Siempre he estado convencido.* I.

[2] *Yo he querido imitar este comportamiento en el fructidor* [duodécimo mes del calendario francés] *de 1797, cuando decía a los soldados de mi armada de Italia que el cuerpo legislativo había asesinado la libertad republicana en Francia, pero no he podido llevarlos ni acercarme yo. El golpe, que entonces fracasó, tuvo éxito después.* I.

[3] *Se sobreentenderá, en este paso, el hecho de mi vuelta de Egipto.* I.

[4] *Me nombraron jefe de todas las tropas reunidas en París y en sus alrededores y, de momento, árbitro de dos Consejos.* I.

[5] *Mi Didio Juliano no era otro que el Directorio: bastaba disolverlo para aniquilarlo.* I.

[6] *Mi Níger ha sido Barras, y mi Albino, Sieyès. No eran temibles; ninguno de ellos obraba por su cuenta y veía que hasta tenían fines distintos: el primero tenía intención de restaurar la monarquía; el segundo, de poner en el trono al Elector de Brunswick. Yo, por el contrario, quería algo distinto; y, en mi lugar, Septimio no se habría comportado con más sagacidad que yo.* I.

[7] *Tenía simplemente necesidad de alejar a mi Níger, así me resultaba fácil engañar a mi Albino.* I.

dignidad con él; le mandó el título de césar y por resolución del senado lo asumió como colega[1]. Albino aceptó ambas cosas como verdaderas. Pero, cuando Severo hubo vencido y asesinado a Níger, y apaciguó las cosas en oriente, volvió a Roma, donde se quejó al senado de que Albino, poco agradecido por los beneficios recibidos de él, había tratado de asesinarlo por medio de engaños, por lo cual se veía obligado a castigar su ingratitud. Después de esto fue a buscarlo a Francia y le quitó el estado y la vida[2].

Así pues, quien examine detenidamente las acciones de Severo se dará cuenta de que éste se comportó como un ferocísimo león[3] y una zorra muy astuta, y verá que fue temido y respetado por todos y que los ejércitos no lo odiaron. Y no se sorprenderá de que él, hombre nuevo, pudiera conservar un imperio tan grande, porque su grandísima reputación[4] lo defendió siempre del odio que los pueblos pudieron albergar contra él por sus rapiñas. Pero su hijo Antonino [110] también fue un hombre de excelentísimas cualidades, que lo hacían maravilloso a los ojos de los pueblos y grato a los soldados; porque era un militar capaz de soportar cualquier fatiga y desdeñoso de todo alimento delicado y de cualquier comodidad, lo cual hacía que todos sus ejércitos le amaran[5]. Sin embargo, su ferocidad y su crueldad fue tanta y tan inau-

---

[1] *Por este motivo nombré a Sieyès mi colega en la comisión consular ejecutiva, e hice entrar también a Roger-Ducos, para que pudiese hacer de elemento de contrapeso a mi disposición.* I.

[2] *No tenía necesidad de maniobras tan complicadas para desembarazarme de Sieyès. Zorros mayores que él habían quedado marginados en mi comité del 22 de frimario [tercer mes del calendario republicano francés], en el transcurso del cual yo mismo he dado el último empujón a la constitución que me había hecho Primer Cónsul y he metido a los dos colegas en el callejón del senado.* I.

[3] *No me reprocharán de haberlo sido lo menos posible en tal circunstancia.* I.

[4] *La mía no sabría ser mayor en esa circunstancia; me mantendré a esa altura.* I.

[5] *Para conquistar su benevolencia no he escatimado medios, cuando se ha presentado la ocasión.* I.

dita, que, después de infinitos asesinatos individuales, mató a gran parte del pueblo romano[1] y a todo el de Alejandría, que se hizo extremadamente odioso a todo el mundo y comenzó a ser temido incluso por los que le rodeaban, de forma que fue asesinado por un centurión ante todo su ejército [111]. Por todo ello hay que señalar que esta clase de muertes, llevadas a cabo por la resolución de un ánimo tenaz, no las pueden evitar los príncipes, pues todo aquél a quien no le importe morir le puede atacar, pero al príncipe no deben preocuparle, ya que son más bien raras[2]. Sólo debe guardarse de no ofender a alguno de aquéllos que le asisten[3] o están a su alrededor al servicio de su principado: como hizo Antonino, que mató sin razón aparente a un hermano de aquel centurión y a este último lo amenazaba todos los días conservándole en su guardia personal; decisión temeraria[4], que podía arruinarle, como así sucedió.

Pero pasemos a Cómodo[5] [112], al cual le podría haber resultado muy fácil conservar el imperio, pues, siendo hijo de Marco, lo poseía por derecho hereditario. Y sólo le hubiera bastado seguir las huellas de su padre para tener satisfechos a sus soldados y a los pueblos, pero, siendo de ánimo cruel y bestial, y para poder ejercer su rapacidad en contra de los pueblos, se dedicó a entretener a los ejércitos y a hacerlos licenciosos. Por otra parte, no le importó su propia dignidad, pues a menudo bajaba a los anfiteatros a luchar con los gladiadores y hacía otras muchas cosas viles y poco dignas de su majestad imperial. Por todo ello se hizo despreciable a los ojos de los soldados. Y, odiado por una

---

[1] *Maldito.* I.

[2] *No tienen lugar nunca cuando el príncipe inspira respeto con su carácter fuerte y firme.* I.

[3] *Si se les ofende, hay que alejarlos, sustituirlos, exiliarlos con o sin honores.* I.

[4] *Decid más bien tonta, estúpida, obtusa.* I.

[5] *Calamitoso: no merece que me pare un instante a hacer consideraciones.* I.

parte y despreciado por otra, fue víctima de una conspiración y asesinado[1].

Nos quedan por relatar las cualidades de Maximino [113]. Fue un hombre belicosísimo, al que los ejércitos, molestos por la molicie de Alejandro, del que he hablado anteriormente, elevaron al imperio una vez muerto éste, pero no lo conservó mucho tiempo. Porque hubo dos cosas que lo hicieron odioso y despreciable[2]: una, su ínfimo origen[3], pues había guardado ovejas en Tracia (lo cual era bien conocido y le procuraba un gran descrédito a los ojos de todos); la otra, porque, al haber retrasado al inicio de su principado ir a Roma para entrar en posesión de la sede imperial, sus prefectos ejercieron muchas crueldades tanto en Roma como en los restantes lugares del imperio, por lo cual se labró fama de hombre muy cruel[4]. De tal forma que, desdeñándolo y odiándolo todo el mundo por su bajo origen y por su ferocidad, primero se le rebeló África y después el senado con todo el pueblo de Roma [114]; y toda Italia conspiró contra él. A éstos se sumó su propio ejército[5], que en ese momento pasaba muchas dificultades en el asedio de Aquileia y que, cansado de su crueldad y no temiéndole tanto al ver que tenía tantos enemigos, lo asesinó.

No quiero hablar ni de Heliogábalo [115] ni de Macrino [116] ni de Juliano [117], que por ser totalmente despreciables desaparecieron enseguida; pero concluiré esta parte diciendo que los príncipes de nuestros tiempos no se encuentran a la hora de gobernar con la dificultad de tener que satisfacer a los soldados con procedimientos extraordinarios[6]. Porque, a pesar de que deban tener con ellos alguna consideración, es por poco tiempo, pues ninguno de

---

1 *Era justo. No era posible ser más indigno del reino.* I.
2 *El peor mal es que te desprecien.* I.
3 *Hay formas de mantenerlo escondido.* I.
4 *¿Y por qué no lo desaprobaba castigándoles?* I.
5 *Uno se lo merece cuando deja que las cosas lleguen a ese punto.* I.
6 *Efectivamente no me preocupa.* I.

estos príncipes tiene ejércitos que se hallen enraizados en el gobierno y en la administración de las provincias[1], como era el caso de los ejércitos del Imperio Romano. Y si entonces era necesario satisfacer más a los soldados que a los pueblos, era porque los soldados tenían más poder que los pueblos. Sin embargo, a todos los príncipes, excepto al Turco y al Sultán [118], les es más necesario ahora satisfacer a los pueblos que a los soldados, porque los pueblos tienen más poder que aquéllos[2]. Exceptúo al Turco, porque está siempre rodeado de doce mil soldados de infantería y de quince mil de a caballo, de los que depende la seguridad y la fuerza de su reino[3] [119]; y es necesario que, por encima de cualquier otra consideración, aquel señor los mantenga como amigos[4]. Con el reino del Sultán sucede algo parecido, pues, al estar todo en manos de los soldados, conviene que también él los mantenga de su lado sin tener en cuenta para nada al pueblo[5]. Y habéis de saber que este estado del Sultán es distinto a todos los demás principados, lo mismo que el pontificado cristiano, al que no puede llamarse ni principado hereditario ni principado nuevo[6]; pues los hijos del príncipe anterior no son los herederos y soberanos, sino aquél que es elevado a tal grado por quienes tienen autoridad para hacerlo[7]. Y, al ser ésta una forma de gobierno antigua, no se la puede llamar principado nuevo, pues en ella no existe nin-

---

[1] *Se hace rotar a las guarniciones muy a menudo.* I.

[2] *Mi interés procura establecer un equilibrio entre los dos, de forma que la balanza pueda inclinarse bien hacia una parte, bien hacia otra.* I.

[3] *En caso de necesidad, mi guardia imperial puede funcionar como jenízaros.* I.

[4] *Debo hacer lo mismo.* I.

[5] *Por respeto o no, hay que tener una guardia fuerte, con la que se pueda contar cuando, entre las tropas que se aferran mucho al pueblo, se registren deserciones.* I.

[6] *A los ojos de un observador político, la comparación es curiosa y atrevida, pero auténtica.* I.

[7] *Efectivamente, los cardenales eligen al soberano temporal de Roma, como los magnates de Egipto elegían a su propio Sultán.* I.

guna de las dificultades que suelen tener los nuevos; ya que, a pesar de que el príncipe sea nuevo, las instituciones de aquel estado son antiguas y están dispuestas a recibirle como si fuera su señor hereditario[1].

Pero volvamos a nuestro tema. Digo que quienquiera que examine todo lo que se ha dicho hasta ahora verá que el odio o el desprecio han sido la causa de la ruina de los emperadores mencionados, y comprenderá también la razón por la que, actuando, parte de ellos, de una manera, y, la otra parte, de forma completamente distinta, en ambos grupos hubo quien tuvo un final feliz y quien lo tuvo infeliz. Porque a Pertinax y a Alejandro, por ser príncipes nuevos, les resultó inútil y perjudicial querer imitar a Marco, que había accedido al principado por derecho hereditario[2]; e igualmente a Caracalla, Cómodo y Maximino les fue pernicioso imitar a Severo, por no haber tenido tanta virtud como para poder seguir sus huellas. Por tanto, un príncipe nuevo, en un principado nuevo, no puede imitar las acciones de Marco ni tampoco es necesario que imite las de Severo[3]. De Severo ha de tomar aquellas características que le sean necesarias para fundar su estado, y de Marco las que son convenientes y gloriosas para conservar un estado ya establecido y seguro[4].

---

[1] *Convertirse en príncipe de esta forma es el premio más grande de la ruleta de la fortuna.* I.

[2] *Hay cosas buenas en todos estos modelos: basta escoger bien. Sólo los estúpidos se pueden fijar en un solo modelo e imitarle en todo.* I.

[3] *¿Habrá alguien capaz de imitar las mías?* I.

[4] *Conclusión perfecta; sin embargo, yo no me puedo alejar aún de la forma de proceder de Severo.* I.

XX. AN ARCES ET MULTA ALIA QUAE COTIDIE A PRINCIPIBUS FIUNT UTILIA AN INUTILIA SINT*

Algunos príncipes, para conservar seguro su estado, han desarmado a sus súbditos; otros han mantenido divididas las tierras sometidas; otros han alimentado enemistades contra sí mismos; otros se han dedicado a ganarse a los que les parecían sospechosos al principio de su gobierno; unos han edificado fortalezas y otros las han demolido y destruido[1]. Y aunque de todo esto no se pueda dar un juicio certero y siempre válido, a menos que se entre en los detalles de aquellos estados en los que habría de tomarse una decisión parecida, hablaré de todo ello con la amplitud que el tema permite[2].

Así pues, no ha sucedido nunca que un príncipe nuevo desarmara a sus súbditos. Al contrario, siempre que les ha encontrado desarmados les ha armado[3]. Porque, al armarlos, esas armas se hacen tuyas, se vuelven fieles los que te parecían sospechosos, y los que ya eran fieles continúan

---

* SI LAS FORTALEZAS Y MUCHAS OTRAS COSAS, QUE LOS PRÍNCIPES HACEN DIARIAMENTE, SON ÚTILES O INUTILES.

[1] *En el transcurso de su reinado, el mismo príncipe puede verse necesitado de cumplir todas estas acciones, según las épocas y las circunstancias.* I.

[2] *Tú habla y yo me encargo de las consecuencias prácticas.* I.

[3] *Así se comportaron los hábiles artífices de la Revolución. Tras haberse convertido en Príncipes de Francia mediante la transformación realizada por ellos de los Estados generales en* Asamblea Nacional, *inmediatamente armaron a todo el pueblo para organizarlo, en beneficio propio, como ejército nacional. ¿Por qué tu guardia nacional y local ha conservado a título individual esta denominación que ya no le corresponde? ¿Quizá cada uno vela por toda la nación? Hay que sustituirlos gradualmente. No son, ni deben ser, más que guardias ciudadanos o burgueses, así lo exige el orden y el sentido común.* I.

siéndolo, y de simples súbditos se convierten en partidarios tuyos. Y, como a todos los súbditos no se les puede armar, si beneficias a los que armas, con los otros puedes proceder con mayor seguridad[1]: ya que los armados, al ver que con ellos actúas de manera distinta, se sienten obligados hacia ellos, y los otros te excusan, pues juzgan que es necesario que gocen de un mérito mayor los que tienen mayor peligro y obligación. Pero, cuando les desarmas, comienzas a ofenderles, pues das muestras de que no tienes confianza en ellos por su cobardía o su poca lealtad[2]; y tanto la una como la otra de estas consideraciones suscitan odio contra ti. Y como no puedes estar desarmado, te será necesario recurrir a las tropas mercenarias, cuyas características ya hemos señalado más arriba[3]. Y por muy buenas que sean estas tropas, no pueden serlo tanto como para que te defiendan de los enemigos poderosos y de los súbditos sospechosos[4]. Pero, como ya he dicho, los príncipes nuevos siempre crean ejércitos en sus principados nuevos[5]; la historia está llena de estos ejemplos. Pero, cuando un príncipe adquiere un estado nuevo, que, como un miembro más, se añade al que ya poseía, entonces es necesario que desarme a aquel estado, excepto a los que, al conquistarlo, se pusieron de su parte[6]. E, incluso a ésos, con el paso del tiempo y aprovechando las ocasiones, es necesario hacerles blandos y afeminados[7], y organizarse de tal

---

[1] *Los grandes artífices de la Revolución popular en realidad no tenían otra intención que armar al pueblo. Los pocos nobles admitidos en la Guardia Nacional no les preocupaban. Sabían que en poco tiempo les habrían arrinconado; y el pueblo, al creerse su favorito, se puso de su parte.* I.

[2] *¿Cómo saldrán de esta difícil situación, desde el momento en que muchos guardias nacionales no están de su parte?* I. E.

[3] *Ya no existe.* I. E.

[4] *Dudo de que los aliados que se encuentran en Francia puedan poner remedio; por otra parte, pronto se irán.* I. E.

[5] *En este momento es imposible para ellos, y sería urgente. Ellos tienen mi ejército; y yo, para éste, soy todo.* I. E.

[6] *En Italia he procurado comportarme así.* C.

[7] *He visto con gusto que se quejaban del servicio; yo sabía que, después de primeros de febrero, se habrían cansado.* C.

modo que las armas de todo el estado sólo estén en manos de sus propios soldados, aquéllos que ya en el antiguo estado estaban a su lado[1].

Nuestros antepasados y los que eran considerados sabios solían decir que era necesario conservar Pistoia con las facciones y Pisa con las fortalezas; y por eso sembraban la discordia en todas la ciudades que tenían sometidas, para poseerlas más fácilmente. Esto, en los tiempos en que Italia estaba en cierto modo equilibrada, debía funcionar bien, pero no creo que hoy día se pueda dar como precepto, porque pienso que las divisiones jamás hacen bien alguno[2]. Al contrario, cuando el enemigo se acerca, es inevitable que las ciudades divididas se pierdan rápidamente; porque la parte más débil siempre se adherirá a las fuerzas enemigas y la otra no podrá resistir.

Pienso que los venecianos, movidos por las razones que he dicho antes, alimentaban las facciones güelfas y gibelinas en las ciudades que habían sometido; y, aunque no les dejaban nunca llegar a la sangre, sembraban la discordia entre ellas, a fin de que, al estar aquellos ciudadanos ocupados en sus diferencias, no se uniesen contra ellos[3]. Lo cual, como se pudo ver, no les sirvió de nada, porque, nada más ser derrotados en Vailà, una parte de aquéllas se envalentonó y les arrebató todo el estado. Por tanto, tales procedimientos po-

---

[1] *Para presidir los pueblos conquistados tengo que poner sólo a los regimientos de cuya fidelidad estoy seguro.* C.

[2] *No hay que tomar al pie de la letra este razonamiento, pues en la época de Machiavelli los ciudadanos se convertían en soldados cuando alguien atacaba su ciudad. Hoy, para defender una ciudad atacada, no se recurre a los ciudadanos, sino a las tropas de las que uno se ha rodeado. Pienso, pues, como los viejos políticos florentinos, que en las ciudades y en las provincias sea bueno subvencionar a los partidos, para utilizarlos cuando aquéllas se pongan nerviosas (dejando claro que ningún partido se volverá contra mí).* C.

[3] *Es una estratagema que a menudo me ha salido bien. Cuando quiero distraerlos sin que se ocupen de los asuntos de estado, o estoy preparando en secreto una importante disposición administrativa, lanzo una manzana de discordia a las discusiones privadas.* I.

nen de relieve la debilidad del príncipe[1] [120]. En un principado fuerte jamás se deberán permitir tales divisiones, porque sólo puede sacarse provecho de ellas en tiempos de paz, ya que con ellas puede manejarse con más facilidad a los súbditos[2], pero en cuanto estalla la guerra este procedimiento muestra su falacia.

No hay duda de que los príncipes se hacen grandes cuando superan las dificultades y los obstáculos que se les oponen[3]; por eso la fortuna, sobre todo cuando quiere hacer grande a un príncipe nuevo, que tiene mayor necesidad de adquirir reputación que un príncipe hereditario, hace que surjan enemigos y les hace acometer empresas en su contra, para que él tenga la oportunidad de superarlas y de subir cada vez más arriba por aquella escalera que sus enemigos le han ofrecido[4]. Por esto muchos consideran que un príncipe sabio debe, siempre que se le presente la ocasión, crearse con astucia alguna enemistad, para que, después de someterla, sea mayor su grandeza[5].

Los príncipes, y en particular los que son nuevos, han encontrado más lealtad y más utilidad en los hombres que al principio de su gobierno consideraban sospechosos que en los que confiaban[6]. Pandolfo Petrucci, príncipe de Siena [121], gobernaba su estado más con la ayuda de los que le habían parecido sospechosos que con la de los otros. Pero de esto no se puede hablar extensamente, porque varía en cada caso particular[7]. Sólo diré esto: que el príncipe podrá ganarse fácilmente a los hombres que al comienzo de un principado le fueron enemigos, porque para mante-

---

[1] *Quizá también, a veces, prudencia y destreza.* I.
[2] *Para sujetarles, en tiempo de guerra hay que conseguir que se diviertan de otra forma.* I.
[3] *¿Se pueden superar más de lo que he hecho yo?* I.
[4] *¡Qué escalera me han dejado! ¡La he aprovechado bien?* I.
[5] *Machiavelli debe estar satisfecho del provecho que he sacado a este consejo.* I.
[6] *Puede ser cierto para los demás, no para mí.* I.
[7] *Menos mal.* I.

nerse necesitan un apoyo[1], y se ven mucho más forzados a servirle con lealtad, pues saben que les es muy necesario borrar con sus obras aquella nefasta opinión que de ellos se tenía[2]. Y así el príncipe saca más provecho de ellos que de los que, sirviéndole con demasiada seguridad[3], descuidan sus asuntos.

Y, puesto que la materia lo requiere, no quiero dejar de recordar a los príncipes que recientemente han ocupado un estado con el apoyo de sus ciudadanos que examinen bien qué motivo ha inducido a los que les han favorecido a favorecerles; y si no ha sido por un afecto natural hacia ellos, sino porque estaban descontentos con la situación anterior, con mucho esfuerzo y dificultad podrá mantenerlos como amigos, porque es imposible que pueda contentarles[4]. Y si el príncipe examina atentamente la causa de esto en aquellos ejemplos extraídos de las cosas antiguas y modernas, verá que le ha de ser mucho más fácil ganarse amigos entre los hombres que estaban contentos con el estado anterior y que por ello eran sus enemigos[5], que entre los que, precisamente por su descontento[6], se convirtieron en sus amigos y le ayudaron a ocupar el estado[7].

Una costumbre de los príncipes para poder mantener más seguro su estado ha sido la de edificar fortalezas que sirvieran de brida y de freno para los que planeaban re-

---

[1] *Me he ganado a algunos nobles que, por ambición o por escasa fortuna, tenían necesidad de colocaciones; y a desterrados, a los que he vuelto a abrir las puertas de Francia y les he devuelto sus bienes.* I.

[2] *¿Qué no han tenido que hacer por mí, gracias a esto?* I.

[3] *Hay que saber perturbar esta seguridad, cuando se sospecha de que están relajados; y, si no se tienen motivos para sospecharlo, algunas salidas imprevistas siempre producen buen efecto.* I.

[4] *Ellos me han querido sólo para que les ahogase en prebendas; y, dado que son insaciables, de la misma forma podrían pretender otro príncipe que me reemplazase, y así se quedaban también ellos satisfechos. Su alma es una bota de Danaides y su ambición el rapaz Prometeo.* I

[5] *Como los realistas moderados.* I.

[6] *Por despecho de la ambición.* I.

[7] *Observación de una gran profundidad y verdad.* I.

belarse[1], y de refugio seguro ante una repentina revuelta[2]. Alabo esta costumbre, porque se viene siguiendo desde la antigüedad. Sin embargo, en nuestros días hemos visto cómo micer Niccolò Vitelli [122] ha destruido dos fortalezas en Città di Castello para conservar aquel estado. Guido Ubaldo [123], duque de Urbino, después de recuperar su dominio, de donde le había expulsado Cesare Borgia, demolió hasta los cimientos todas las fortalezas que había en él, pues juzgó que sin aquéllas le sería más difícil volver a perder su estado[3]. Los Bentivoglio hicieron lo mismo después de volver a Bolonia [124]. Así pues, las fortalezas son útiles o no según el momento; y si, por una parte, te favorecen, por otra, te perjudican. Y podemos considerar este punto así: aquel príncipe que tenga más temor a su pueblo que a los forasteros debe construir fortalezas[4]; pero aquél que tema más a los forasteros que a los pueblos debe prescindir de ellas. A la casa Sforza ningún otro desorden le ha dado ni dará más problemas que el castillo de Milán, edificado por Francesco Sforza. Pero la mejor fortaleza que existe es la de no ser odiado por el pueblo[5]. Porque, por muchas fortalezas que tengas, si el pueblo te odia, no te salvarán[6], porque a los pueblos, una vez que han tomado las armas, no les faltan nunca forasteros que les ayuden[7]. En nuestros tiempos no se ve que las

---

[1] *Así se construyeron la Bastilla, bajo Carlos el Sabio, para controlar París; y el Château Trompette de Bordeaux, bajo Carlos VII, para tener bajo control a los bordeleses. No perdamos de vista este aspecto.* I.

[2] *En la primera ocasión que se me presente me construiré uno en los altos de Montmartre, para mantener a raya a los parisinos. ¡Por qué no lo habré tenido cuando se entregaron cobardemente a los aliados! Encerraré en el Château Trompette a los traidores del Garona.* I. E.

[3] *Destruir todas las fortalezas italianas, a excepción de las de Mantova y Alessandria, que las fortificaré cuanto pueda.* G.

[4] *Cuando se tiene miedo tanto de unos como de otros, hay que poseerlas; y tenerlas en todas las partes que se tenga miedo.* I. E.

[5] *A menudo es mayor el mal que os hacen diez personas que os odian, que el bien que os otorgan cien amigos.* I. E.

[6] *No lo creo.* I. E.

[7] *Pues vale, y ya veremos.* I. E.

fortalezas hayan aprovechado a ningún príncipe, excepto a la condesa de Forlì [125], cuando fue asesinado el conde Girolamo, su marido; porque, gracias a la fortaleza, pudo evitar la ira popular, esperar la ayuda de Milán y recuperar el estado[1]. En los tiempos que corrían por entonces era imposible que alguien de fuera pudiera ayudar al pueblo[2]. Pero después, cuando Cesare Borgia la atacó, y el pueblo, enemigo suyo, se unió al invasor, le valieron de bien poco las fortalezas[3] [126]. Por tanto, entonces y antes le hubiera resultado más seguro no ser odiada por el pueblo que tener fortalezas[4]. Consideradas, pues, todas estas cosas, alabaré tanto a quien construya fortalezas como al que no las construya; y censuraré a todo aquél que, fiándose de las fortalezas, no dé importancia a que el pueblo le odie[5].

---

[1] *Es suficiente para la apología de las fortalezas.* I. E.

[2] *La condesa no tenía un ejército como el mío.* I. E.

[3] *Claro que me lo creo, si para defenderse sólo contaba con aquéllas.* I. E.

[4] *¿No ser odiado por el pueblo? Siempre se cree en esta puerilidad: las fortalezas bien valen el amor del pueblo.* I. E.

[5] *Ya podéis empezar a alabarme.* I. E.

XXI. QUOD PRINCIPEM DECEAT
UT EGREGIUS HABEATUR*

Nada hace estimar tanto a un príncipe como las grandes empresas y dar de sí ejemplos extraordinarios[1]. En nuestros tiempos tenemos a Fernando de Aragón, el actual rey de España, a quien se le puede llamar casi príncipe nuevo[2], porque de rey débil que era se ha convertido por su fama y por su gloria en el primer rey de los cristianos[3]; y, si examináis sus acciones, las encontraréis todas grandiosas[4] y algunas extraordinarias. En los comienzos de su reinado asaltó Granada[5] [127], y aquella empresa fue el fundamento de su estado. En primer lugar, la llevó a cabo en un momento de relativa tranquilidad y sin temor a ser obstaculizado. Mantuvo ocupados en ella los ánimos de aquellos nobles de Castilla, que, absortos en la guerra, no pensaban en promover disturbios en el interior. Y, sin que se dieran cuenta, fue adquiriendo reputación y poder sobre ellos[6]. Con dinero de la Iglesia y de los pueblos pudo sostener a sus ejércitos, y aquella larga guerra le dio la posibilidad de proporcionar un sólido fun-

---

* DE LO QUE CONVIENE A UN PRÍNCIPE PARA QUE SEA ESTIMADO.

[1] *Gracias a estas empresas he destacado yo; y sólo con éstas me puedo mantener a mucha altura. Si no cumpliese otras nuevas, superiores a las anteriores, comenzaría a declinar.* I.

[2] *Hay más tipos.* I. E.

[3] *Yo me convertiré en esto.* I. E.

[4] *No más que las mías.* I.

[5] *Hacer lo mismo con España.* C.

[6] *Las circunstancias de mi empresa en España eran muy distintas a las suyas, para que yo pudiera conseguir igual éxito. Además podía prescindir de éste.* I.

damento a su ejército, que tanto honor le ha procurado después[1]. Además, para poder acometer empresas mayores, sirviéndose de la religión, se dedicó a una piadosa crueldad, expulsando y limpiando su reino de marranos[2] [128]; esta acción no puede ser más miserable y extraña. Bajo este mismo manto atacó África [129], llevó a cabo la empresa de Italia [130] y últimamente ha atacado Francia [131]; de este modo siempre ha hecho y urdido grandes empresas, que continuamente han mantenido a sus súbditos asombrados y en suspenso, pendientes del resultado final[3]. Y sus acciones se han sucedido de tal modo las unas a las otras[4] que no ha habido tiempo para que los hombres pudieran conspirar contra él con calma[5].

También ayuda mucho a un príncipe dar ejemplos extraordinarios de sí en su política interna[6], como los que se cuentan de micer Bernabò de Milán [132]; de forma que, cuando se presente la ocasión de que alguien lleve a cabo algo extraordinario, bueno o malo, en la vida civil, el príncipe aproveche para premiarlo[7] o castigarlo[8], para que se ha-

---

[1] *Fernando fue más afortunado que yo, o tuvo ocasiones más favorables. ¿Hacer intervenir a mi hermano (¡y, qué hermano!) no es como si lo hiciera yo?* I.

[2] *Mi fidelidad al Concordato no me ha permitido más que echar a los curas que se han mostrado y se muestran reacios a las promesas y a los juramentos. Me valen sólo los curas dóciles y muy jesuíticos. De vez en cuando, bien calculado, yo acosaré a los* Padres de la Fe; *Fesch los protegerá; y ellos le harán papa.* C.

[3] *Asombrar continuamente a mis poblaciones, dándoles motivo para no dejar de hablar de mis éxitos o de mis proyectos, ampliados por el genio de la ambición, me resultará de gran utilidad.* C.

[4] *Sobre todo me he fijado en esto en mis tratados de paz, haciendo que siempre se incluya una cláusula propicia para provocar el pretexto de una nueva guerra futura.* I.

[5] *Es también uno de los fines que persigo en la ininterrumpida serie de mis empresas.* I.

[6] *Pero es necesario que estos ejemplos impresionen por su ostentación, y no estén desprovistos de alguna apariencia de utilidad pública.* I.

[7] *El establecimiento de mis premios decenales.* I.

[8] *En este campo no queda nada por inventar.* I.

ble bastante de ello. Y sobre todo un príncipe se las debe ingeniar para que cada una de sus acciones le proporcione fama de hombre grande y de hombre excelente[1].

También se estima a un príncipe cuando es verdadero amigo y verdadero enemigo; es decir, cuando sin ningún miramiento se declara a favor de alguien o en contra de otro[2]. Esta decisión es mas útil que permanecer neutral[3]; porque, si dos poderosos vecinos tuyos se pelean, o son de esta condición que, en caso de que venza uno de ellos, tengas que temerle o no[4]. En cualquiera de los dos casos te será siempre más útil tomar partido e intervenir abiertamente en la guerra[5]. Porque en el primer caso, si no te declaras a favor de uno de ellos, serás siempre presa del vencedor[6] con placer y satisfacción del vencido[7], y no tendrás razón ni cosa alguna que te defienda o te proteja. Pues quien vence no quiere amigos sospechosos y que no le ayuden en las adversidades; y el que pierde no te protege, por no haber querido tú, con las armas en la mano, correr su suerte[8].

Antíoco [133] fue a Grecia llamado por los etolios para expulsar a los romanos. Antíoco envió embajadores a los aqueos, que eran aliados de los romanos, para convencerles de que permanecieran neutrales; mientras tanto, los romanos, por su parte, trataban de persuadirles de que lucharan a su favor. Este asunto se discutió en el consejo de los aqueos y, cuando el legado de Antíoco les estaba convenciendo para que permanecieran neutrales, el legado romano dijo: *Quod*

---

[1] *Yo te entiendo, y me conformo con tus apreciaciones.* I.

[2] *Salvo luego devolver el favor.* C.

[3] *Índice de máxima debilidad tanto de armas como de carácter.* C.

[4] *Pase: no temo a nadie en particular; y los mantendré separados hasta que pueda reunificarlos bajo mi control.* C.

[5] *No hago otra cosa.* I.

[6] *De esta forma se han convertido en mis presas los neutrales de las anteriores coaliciones.* I.

[7] *Indicaciones que yo aprovecho a su costa.* I.

[8] *Una observación buena para otros, no para mí; y sobre todo para quien no ha tenido buen tino para hacerlo.* I.

autem isti dicunt non interponendi vos bello[1], nihil magis alienum rebus vestris est; sine gratia, sine dignitate, praemium victoris eritis [134].

Y siempre ocurrirá lo mismo: aquél que no es tu amigo tratará de que permanezcas neutral y quien sea tu amigo te pedirá que luches a su lado. Y los príncipes indecisos, para huir de los peligros presentes, la mayoría de las veces se inclinan por la neutralidad, y la mayoría de las veces precipitan su ruina[2]; pero, cuando el príncipe se declara valientemente a favor de una de las partes, si aquél al que tú te alías vence, aunque sea muy poderoso y permanezcas a su merced, habrá contraído una obligación y unos vínculos de amistad contigo, y los hombres no son nunca tan deshonestos como para, dando tan gran muestra de ingratitud, oprimirte[3]. Además las victorias nunca son tan completas como para que el vencedor no tenga que tener algún temor, y máxime a la justicia[4]. Pero, si aquél al que te alías pierde, siempre te dará cobijo; y mientras que pueda te ayudará, y así te conviertes en el compañero de una fortuna que puede resurgir[5]. En el segundo caso, cuando los que combaten juntos son de tal calidad que no tienes por qué temer al vencedor, será tanto más prudente el aliarse a uno de ellos; porque colaboras en la ruina de uno con la ayuda de quien lo debería salvar si fuese sabio[6]; y venciendo, queda a tu discreción[7], y es imposible que con tu ayuda no venza.

---

[1] *Así haré que se expresen los príncipes alemanes sobre mi gran expedición a Rusia. A los demás les haré ir sin esto.* I.

[2] *Se han mostrado débiles y, por este motivo, ya podían considerarse perdidos.* I.

[3] *¿Los hombres de entonces eran mejores que los de hoy, ya que estos razonamientos no se tienen en cuenta, o incluso ni se hacen? Nuestro "siglo de las luces" ha ampliado la esfera política de forma extraordinaria.* I.

[4] *Cada uno lo entiende como quiere.* I.

[5] *Está bien para príncipes poco poderosos.* I.

[6] *Rusia no se ha dado cuenta de esto cuando abandonó Austria a mis armas; estaré más atento cuando me mueva contra Rusia. Austria y Prusia, aunque están interesadas en su conservación, pueden ser empujadas por mí contra aquélla.* I.

[7] *Vendrán todas.* I.

Hay que señalar que un príncipe debe estar atento a no aliarse nunca a alguien más poderoso que él para atacar a otros, a no ser que, como se ha dicho antes[1], la necesidad le obligue, porque si vence quedas a su merced[2]. Y los príncipes deben evitar, siempre que puedan, estar a discreción[3] de los demás. Los venecianos se aliaron con Francia contra el duque de Milán [135], cuando podían haber evitado tal alianza; el resultado fue su ruina[4]. Pero, cuando no se puede evitar, como les sucedió a los florentinos cuando el papa y España fueron con sus ejércitos a atacar Lombardía [136], entonces el príncipe debe tomar partido por una de las partes por las razones que he dicho antes. Y que no crea nunca ningún estado que siempre se pueden tomar decisiones seguras[5]. Al contrario, que piense que las que tome siempre serán inseguras; porque pertenece al orden de las cosas que siempre que uno trata de evitar un obstáculo topa con otro[6]; pero la prudencia consiste en saber conocer la naturaleza de los obstáculos, y tomar por bueno el menos malo.

Además, el príncipe debe mostrarse amante de la virtud, acogiendo a los hombres virtuosos y honrando a los que sobresalen en algún arte[7]. Al mismo tiempo debe animar a sus ciudadanos a desempeñar sus oficios tranquilamente, ya sea en el comercio, en la agricultura o en cualquier otra actividad humana, sin que teman mejorar sus posesiones por miedo a que se las arrebaten o abrir un nuevo negocio por miedo a los impuestos[8]; al contrario, debe establecer premios para quien desee hacer estas cosas y para quien piense en mejo-

---

[1] *Yo hago que crezca esta necesidad en ellos.* I.
[2] *Aquéllos lo estarán.* I.
[3] *Aquéllos no deben evitarlo.* I.
[4] *¡Qué ejemplo más pobre!* I.
[5] *Hay que contar con la suerte.* C.
[6] *Hay siempre más, o más importantes, por un lado y por otro.* C.
[7] *Multiplicar las patentes de inventos.* C.
[8] *Los impuestos no desalientan nunca la codicia de los comerciantes.* I.

rar de alguna forma su ciudad o su estado[1]. Además, en las épocas convenientes del año debe mantener ocupados a los pueblos con fiestas y espectáculos[2]. Y como todas las ciudades están divididas en corporaciones de las artes o en barrios[3], debe tener en cuenta estas colectividades[4], reunirse con ellas de vez en cuando y dar ejemplo de humanidad y de munificencia, pero manteniendo siempre segura la magnificencia de su dignidad[5], porque esto no puede faltar nunca en cosa alguna[6].

[1] *¿Ha habido alguien que haya multiplicado más que yo estas disposiciones?* I.

[2] *Fiestas y espectáculos religiosos no me podían ser útiles. Su cancelación viene compensada, sacando yo una gran ventaja, con la pompa de mis fiestas civiles.* I.

[3] *Es demasiado popular.* C.

[4] *Basta que a uno le vean en los espectáculos teatrales.* C.

[5] *Hay que ser sobrios en los actos de popularidad.* C.

[6] *Es verdad, aparte la atención que se le dedique.* I.

XXII. DE HIS QUOS A SECRETIS PRINCIPES HABENT*

Para un príncipe es muy importante la elección de sus ministros, que son buenos o no según la prudencia del príncipe[1]. Y la primera idea que nos formamos de la inteligencia de un señor[2] se basa en los hombres que le rodean; y, si éstos son competentes y fieles[3], lo podemos considerar siempre como sabio, porque ha sabido reconocer su competencia y mantenérselos fieles[4]. Pero, cuando son de otra manera, siempre nos podemos formar un juicio negativo de él, porque con esta elección comete el primer error[5].

No había nadie que, conociendo a micer Antonio de Venafro [137], ministro de Pandolfo Petrucci, príncipe de Siena, no considerase a Pandolfo un hombre virtuosísimo, al tener a un ministro como aquél[6]. Esto sucede porque hay tres clases de inteligencia: una entiende las cosas por sí misma[7], otra discierne lo que otros entienden[8] y la tercera no

* DE LOS SECRETARIOS QUE TIENEN LOS PRÍNCIPES.

[1] *Pero esta prudencia también tiene que adecuarse a las circunstancias. Hay algunas en las que lo peor hecho se convierte en lo más recomendable. C.*

[2] *¿Qué habrían pensado de mí, si, para ministros y consejeros, me hubiera rodeado de amigos declarados de los Borbones, galardonados con su cruz de San Luis, colmados de beneficios por aquél que yo reemplazaba y que a su vez aspiraba a ponerse en mi lugar? I.*

[3] *Puedo encontrar todo esto mucho mejor en un hombre difamado, que en aquél cuya reputación florece como un bálsamo. C.*

[4] *Esto es lo difícil, y ellos os buscarán la propia ruina. I. E.*

[5] *No se puede evitar cuando no se conoce a los hombres y se deja uno guiar por otros en sus decisiones. I. E.*

[6] *Por sus decisiones los conoceréis. I. E.*

[7] *Es la que más me interesa. C.*

[8] *Yo lo hago, pero siempre con una actitud de una gran superioridad de espíritu. I. E.*

entiende ni por sí misma ni a través de otros[1]; la primera es extraordinaria, la segunda, excelente y la tercera, inútil[2]. Por tanto, era necesario que, si Pandolfo no estaba en el primer grupo, al menos estuviese en el segundo: porque siempre que alguien, aunque carezca de una inteligencia con iniciativa propia[3], tenga talento para reconocer el bien o el mal que otro hace o dice, sabrá discernir si las actuaciones de su ministro son buenas o malas y alabará las unas y corregirá las otras, y de esta forma el ministro no podrá confiar en engañarle y se comportará siempre bien.

Pero hay una fórmula que nunca falla para que un príncipe pueda conocer a su ministro: si ves que tu ministro piensa más en sí mismo que en ti y que en todas las acciones busca su propio provecho, jamás será un buen ministro[4] y no te podrás fiar nunca de él; porque quien tiene en sus manos el gobierno de otro no debe pensar nunca en sí mismo, sino en el príncipe[5]; y no acordarse de ninguna otra cosa que no ataña a éste[6]. Y si el príncipe, por su parte, quiere conservar su fidelidad, deberá pensar en su ministro, honrándole, haciéndole rico, vinculándole a su persona y haciéndole partícipe de honores y responsabilidades, para que vea que sin la ayuda de su príncipe no podría permanecer en su puesto; pero al mismo tiempo debe procurar que los muchos honores no le hagan desear más honores, que las muchas riquezas no le hagan desear más riquezas[7], y que las muchas

---

[1] *Se trata de estúpidos y de animales. Machiavelli ha olvidado los espíritus sistemáticos y obstinados en sus sistemas.* C.

[2] *Los cuartos se pierden, porque creen con orgullo que hacen las cosas mejor.* I. E.

[3] *José tiene al menos una cabeza de este tipo.* I.

[4] *Se trata de hacer lo posible para que no le quede más remedio que pensar en sus intereses cuando se ocupa de los tuyos.* C.

[5] *"Nunca", es muy duro; pero si él piensa más en sí mismo que en mí, me daré cuenta rápidamente, y* aire, aire. C.

[6] *¡Qué bien saben esconder sus intereses tras el interés de mi reino!* I.

[7] *Cuando no se trata, como en mi caso, de personas sin moderación. En mi reino de Italia son más honrados.* C.

responsabilidades no le hagan temer los cambios[1]. De modo que, cuando los ministros y los príncipes son así, pueden confiar el uno en el otro[2], pero, si sucede de otra manera, el final siempre será desastroso tanto para el uno como para el otro[3].

---

[1] *¡Pícaros! Ya han aprendido a hacerse importantes en todos los regímenes, incluso entre los más disparatados y opuestos. I. E.*

[2] *Es un consejo válido para otras épocas, o para fuera de Francia.* I.

[3] *¿Quién hubiera podido imaginar que me habría tocado a mí? Pero pondré remedio. I. E.*

XXIII. QUOMODO ADULATORES SINT FUGIENDI*

No quiero dejar de tratar un punto importante y un error del que los príncipes se defienden con dificultad, a no ser que sean prudentísimos o hayan hecho una buena elección. Se trata de los aduladores, que llenan las cortes[1]; porque los hombres se complacen tanto en sus cosas y se engañan a sí mismos hasta tal punto, que difícilmente se defienden de esta peste, y si alguno quiere defenderse, corre el peligro de convertirse en despreciable[2]. Porque sólo hay una forma de guardarse de las adulaciones: que los hombres comprendan que no te ofenden cuando te dicen la verdad[3], pero, cuando todo el mundo te dice la verdad[4], te pueden faltar el respeto. Por tanto, un príncipe prudente debe seguir un tercer método: elegir en su estado a hombres sabios y sólo a éstos darles libertad para decirle la verdad, y sólo de las cosas que él les pregunte y no de otras[5]. Sin embargo, debe preguntarles por todo[6] y oír sus opiniones para después decidir por sí solo a su manera[7]; y con estos consejos y con cada uno de sus consejeros comportarse de tal modo que todos comprendan que cuanto más libremente hablen mejor aceptados serán. A ex-

---

* DE QUÉ MODO HAY QUE HUIR DE LOS ADULADORES.
[1] *Deben existir, el príncipe necesita su incienso, pero no debe dejarse embriagar, y esto es difícil.* I.
[2] *Si no me hubieran alabado de forma exagerada, el pueblo me consideraría por debajo de un plebeyo.* I.
[3] *Estoy de acuerdo. ¿Pero me la querrán decir?* C.
[4] *Pero consentírselo a dos o tres personas es demasiado.* C.
[5] *Tampoco ellos pueden hablar, a no ser que se les pregunte.* C.
[6] *Es demasiado.* C.
[7] *Es un principio que tengo siempre delante; y me encuentro bien.* I.

cepción de ellos, no debe escuchar a nadie, perseguirá que lo decidido por él se lleve a cabo y será obstinado en sus decisiones[1]. Quien se comporta de otro modo o fracasa por culpa de los aduladores o cambia a menudo de opinión por la multiplicidad de pareceres[2], y por esto es poco apreciado.

A este propósito quiero aducir un ejemplo moderno. El presbítero Luca, hombre del actual emperador Maximiliano [138], hablando de su majestad dijo que nunca pedía consejo a nadie, y que jamás hacía nada a su manera[3], lo cual se debía a que seguía una norma contraria a lo dicho anteriormente. Porque el emperador es un hombre reservado, no comunica a nadie sus intenciones, ni pide opinión; pero, como al ponerlas en práctica, se conocen y se descubren, quienes le rodean las critican[4], y él, al ser muy influenciable, desiste de ellas[5]. De ahí que las cosas que hace un día las deshaga al siguiente, que nunca pueda saberse lo que quiere o proyecta hacer y que nadie pueda fiarse de sus decisiones[6].

Por tanto, un príncipe debe pedir consejo siempre, pero cuando él quiera[7] y no cuando quieran los otros. Es más, debe desanimar a quien desee aconsejarle sobre algo a no ser que él se lo pida[8]; pero ha de preguntar mucho y escu-

---

[1] *Así soy yo.* I.

[2] *Añadid la fuerza de las actuales circunstancias, que hace inevitables estos dos peligros; y ya tenéis el punto al que os llevan los aduladores.* I. E.

[3] *Tuvo buenas ideas, sobre todo cuando quiso ser colega y más tarde igual al papa, incluso en materia de religión, y por eso asumió el título de* Pontifex Maximus, *pero no tenía mi fuerza de carácter. Se limitó a decir: "Si fuese Dios, y tuviera dos hijos, el primero sería Dios, y el segundo, rey de Francia". Nada de "si" para mí. Omnipotente en Europa, haré que mi hijo, si sigue siendo único, detente, a un mismo tiempo, la soberanía de la Santa Sede y la de todo el Imperio.* I.

[4] *¡Cuidado con el que se atreva!* I.

[5] *Tiene una cabeza muy blanda, con mucha imaginación.* I.

[6] *No se le secunda a uno nada más que, cuando las personas que uno quiere que lo hagan, conocen que somos inmutables.* I.

[7] *La cosa esta muy clara: ellos no darían consejos si antes no han sondeado mi estado de ánimo y conocido mi opinión.* I.

[8] *He aprendido a quitarles las ganas.* I.

char pacientemente la verdad de lo que ha preguntado, e incluso enojarse si se da cuenta de que alguno, por temor, no se la dice[1]. Y se engañan, sin lugar a dudas, quienes piensan que el príncipe con fama de prudente no la tiene porque lo sea realmente, sino por los buenos consejos de los que le rodean[2]. Porque ésta es una regla general que no falla nunca: que un príncipe que no sea sabio por *sí* mismo no puede ser bien aconsejado, a menos que por azar se ponga en manos de un solo hombre prudentísimo que lo gobierne todo[3]. Este caso podría darse, pero duraría poco, porque ese gobernador le quitaría el estado en poco tiempo. Pero, si un príncipe que no sea sabio[4] se deja aconsejar por más de uno, no recibirá nunca consejos coherentes, ni sabrá unificarlos; cada consejero pensará en su propio interés y él no sabrá responderles ni reconocerlos[5]. Y no se les puede reconocer de otra manera, porque los hombres siempre te saldrán malos, a menos que la necesidad los haga buenos[6]. Por eso ha de concluirse que los buenos consejos, vengan de donde vinieren, han de nacer de la prudencia del príncipe, y no la prudencia del príncipe de los buenos consejos[7].

---

[1] *Machiavelli pretende demasiado. Conozco mejor que él lo que más conviene a mi situación.* I.

[2] *Es la opinión más extendida. Se sabe que yo puedo decir como Luis XI: "Mi mejor consejo está en mi cabeza."* I.

[3] *Sed hoy como Luis XIII, y pronto veréis que Armand hace como Pipino.* I.

[4] *Entonces no se debe cargar con el peso de una corona.* I.

[5] *Es lo que pasa.* I. E.

[6] *Verdad irrefutable. Y es suficiente para que los ministros y los cortesanos desaconsejen al príncipe la lectura de Machiavelli.* I. E.

[7] *¿Dónde está la cabeza reinante capaz de todo esto? En una pequeña isla del Mediterráneo.* I. E.

XXIV. CUR ITALIAE PRINCIPES
REGNUM AMISERUNT[1]*

Si un príncipe nuevo observa prudentemente las cosas que hemos dicho antes, parecerá antiguo[2], y enseguida permanecerá más seguro y más estable en su estado que si hubiera estado en él desde siempre. Porque se observan más las acciones de un príncipe nuevo que las de un príncipe hereditario. Y, cuando se ve que éstas son virtuosas, conquistan más a los hombres y les vinculan más al príncipe que la antigüedad de la sangre[3]. Porque a los hombres les interesan más las cosas presentes que las pasadas[4], y, cuando en las presentes encuentran el bien, disfrutan de ellas y no buscan más. Más aún, defenderán al príncipe en todo[5], pero siempre que cumpla bien el resto de sus obligaciones[6]. Y así, por haber creado un principado nuevo y haberlo adornado y consolidado con buenas leyes, con armas poderosas y buenos ejemplos[7], verá duplicada su gloria, de la

---

* POR QUÉ RAZÓN LOS PRÍNCIPES DE ITALIA HAN PERDIDO SUS ESTADOS.

[1] *El capítulo más curioso.* I. E.

[2] *Yo lo he sentido.* I.

[3] *La adhesión que me manifiesta la mayor parte de la vieja nobleza prueba que ya casi ha olvidado la antigüedad de la sangre.* I.

[4] *En particular si se trata de emigrantes a los que se les han devuelto sus bienes; o de nobles pobres que se han hecho ricos; hasta los mismos ricos están agradecidos, porque les he puesto en situación de acrecentar su fortuna.* I.

[5] *Tengo esa experiencia feliz.* I.

[6] *Me echarían en cara esta culpa para justificar el hecho de haberme dado la espalda.* I. E.

[7] *No me falta ninguna de estas glorias.* I.

misma manera que habrá duplicado su vergüenza aquél que, habiendo nacido príncipe, pierde el estado por su poca prudencia[1].

Y, si examinamos a aquellos señores que en nuestros días han perdido su estado en Italia, como es el caso del rey de Nápoles, del duque de Milán y de otros [139], en todos encontraremos en primer lugar un defecto común en lo que se refiere a las armas, por las causas que más arriba se han expuesto. Además, se verá que alguno de ellos ha tenido a su pueblo en contra de él[2] o, si ha tenido al pueblo de su lado, no se ha sabido proteger de los poderosos[3]; porque, sin estos defectos, no se pierden los estados que tienen tanto poder como para mantener un ejército en campaña[4]. Filipo de Macedonia, no el padre de Alejandro, sino el que fue vencido por Tito Quinto [140], no tenía un estado demasiado grande, si lo comparamos con la grandeza de los romanos y de Grecia, que lo atacaron. Pero, como era un buen militar que sabía atraerse al pueblo y defenderse de los nobles, sostuvo la guerra contra ellos durante varios años[5]. Y aunque al final perdió el dominio de alguna ciudad, conservó sin embargo el reino[6].

Por tanto, estos príncipes nuestros, que permanecieron en sus principados durante muchos años, no deben echar culpa a la fortuna de haberlos perdido, sino a su propia indolencia[7]. Porque, como durante los períodos de paz no pensaron nunca en que pudieran cambiar los tiempos (es un defecto común a todos los hombres el no tener en cuenta la

---

1 *No tiene nada que ver conmigo.* I. E.

2 *Basta que una parte te sea enemiga.* I. E.

3 *Es imposible con los que se han mantenido cerca.* I. E.

4 *Sí, pero si pudiese disponer...* I. E.

5 *De la misma forma, yo me colocaré en una posición mejor en relación con la coalición, si ésta se renueva.* I. E.

6 *Aunque llegase a firmar la cesión ya hecha de los países conquistados por mí y me encerrase en los límites fijados recientemente, seguiría siendo emperador de los franceses.* I. E.

7 *No se pueden quejar de que la fortuna no les haya favorecido.* I. E.

tempestad cuando la mar está en calma)[1], al llegar tiempos adversos sólo pensaron en huir y no en defenderse[2], y esperaron que los pueblos, hastiados de la insolencia de los vencedores, les volvieran a llamar[3]. Esta solución es buena cuando fallan las otras, pero es erróneo haber abandonado los otros remedios por ella, pues nunca habría que caerse pensando que encontrarás a alguien que te recoja, pues esto no sucede, y si sucede no estás completamente seguro, porque esa defensa fue vil y no dependió de ti[4]. Y las defensas sólo son buenas, seguras y duraderas cuando dependen de ti mismo y de tu virtud[5].

---

[1] *Así se verifica. Todo lo que les rodea se pavonea en sus placeres y tendría miedo de una mala digestión si tuviese el menor desasosiego. Apuesto a que, si me vieran, aún no querrían creer en la posibilidad de mi vuelta. Su disposición natural se presta mucho a mis estratagemas narcotizantes. I. E.*

[2] *Ya no tendrán tiempo para hacerlo. I. E.*

[3] *Me mostraré como un príncipe que se ha vuelto moderado, sagaz, humano. I. E.*

[4] *¿Tendrán otras? Es posible que las abandonen, al verme tan decidido; y además me resguardaré activamente. I. E.*

[5] *Yo nunca he contado con ellas. Y las tendré. I. E.*

XXV. QUANTUM FORTUNA IN REBUS HUMANIS POSSIT, ET QUOMODO ILLI SIT OCCURRENDUM*

Y no desconozco que muchos han opinado y opinan que las cosas del mundo están regidas de tal forma por la fortuna y por Dios, que los hombres, con su prudencia, no pueden modificarlas; bien al contrario, nada pueden hacer[1]. Por tanto podrían juzgar que no hay que esforzarse mucho en las cosas, sino dejarse gobernar por la suerte. Esta opinión se ha generalizado más en nuestros tiempos por los grandes cambios que, más allá de cualquier conjetura humana, se han visto y se ven cada día[2]. Yo mismo, pensando algunas veces en ello, me he inclinado en cierto modo hacia esta opinión. Sin embargo, para que nuestro libre arbitrio no quede anulado, pienso que puede ser verdad que la fortuna sea el árbitro de la mitad de nuestras acciones, pero también que nos deja gobernar la otra mitad, más o menos, a nosotros[3]. Y comparo a la fortuna con uno de esos ríos torrenciales que, cuando se enfurecen[4], inundan las llanuras, destrozan árboles y edificios, levantan la tierra de un lugar y la llevan a otro: todos huyen ante ellos, todos ceden a su ímpetu sin poder oponerles resistencia en parte alguna. Pero eso no qui-

---

* Cuánto pesa la fortuna en las cosas humanas y de qué modo hay que enfrentarse a ella.

[1] *Sistema de perezosos y débiles. Con el talento y la acción se controla la fortuna más adversa.* I. E

[2] *¿Se había visto alguna vez tantos cambios, y de tanta envergadura, como los que he provocado y puedo provocar aún?* I. E.

[3] *Ni San Agustín ha escrito mejores reflexiones sobre el libre arbitrio. El mío ha domado Europa y la naturaleza.* I.

[4] *Ésta es mi fortuna: soy yo mismo.* I.

ta para que, en épocas de tranquilidad, los hombres puedan tomar precauciones mediante diques o espigones[1], y en crecidas posteriores sus aguas corran canalizadas o su ímpetu no sea ni tan desenfrenado ni tan perjudicial[2]. De modo parecido sucede con la fortuna[3], que demuestra su poder donde no hay una virtud preparada para resistírsele[4], y arremete con su ímpetu allí donde sabe que no se han construido diques ni espigones para contenerla. Y, si observáis Italia, que es la sede de estos cambios y la que los ha suscitado, veréis que es un campo sin diques ni defensa alguna. Porque, si se hubiera defendido con la adecuada virtud[5], como Alemania, España o Francia, esta riada no habría producido tan grandes cambios[6] o ni siquiera habría tenido lugar[7]. Y no quiero decir nada más en lo que se refiere a oponerse a la fortuna en general[8].

Pero, ciñéndome más a los casos particulares, digo que se ve cómo los príncipes prosperan hoy y caen mañana sin haberles visto cambiar de naturaleza o de cualidades[9], lo cual creo que se debe sobre todo a las razones de las que he hablado por extenso más arriba, esto es, que el príncipe que sólo se apoya en la fortuna se arruina tan pronto como ésta cambia[10]. Sin embargo, pienso que es feliz quien acomoda su proceder a las circunstancias del momento y que es desgraciado aquél que en su proceder entra en desacuerdo con ellas[11]. Porque vemos a los hombres comportarse de muy dis-

---

[1] *Yo no les dejo ni tiempo ni posibilidad.* I.

[2] *Mi fortuna no se puede reducir a ese estado.* I.

[3] *Con la de mis enemigos.* I.

[4] *Ésta me encontrará preparado para aplastarlo con el peso de la mía.* I.

[5] *Lo será.* G.

[6] *Verá muchas otras.* G.

[7] *¡Si tú me vieras hoy y conocieses mis planes!* G.

[8] *A pesar de tu discreción, te he entendido; y sacaré provecho.* G.

[9] *¡Pobres rutinarios!* C.

[10] *Hay que saber estar tras los cambios, sin fiarse completamente de ella con el aire de estar seguros de sus favores.* C.

[11] *Nunca la bondad ha estado en más desacuerdo que en la [de Luis XVIII] situación actual.* I. E.

tintas maneras en las cosas que les conducen al fin que se proponen, es decir, la gloria y las riquezas: uno con precaución, el otro con ímpetu; uno con violencia, el otro con astucia; uno con paciencia, el otro con todo lo contrario; y todos pueden alcanzarlo de distintas formas[1]. Se puede ver también que, de dos personas precavidas, la una alcanza su objetivo y la otra no, de la misma manera que otros dos pueden prosperar con dos modos de conducta distintos, siendo uno precavido y el otro impetuoso, lo cual sólo se debe a la condición de los tiempos, que se conforman o no a su manera de proceder[2]. De ahí que, como he dicho, dos hombres, actuando de forma distinta, consigan el mismo efecto, y que, en cambio, otros dos que actúen del mismo modo uno consiga su propósito y otro no. De esto dependen los cambios de fortuna; porque, si uno se comporta con cautela y paciencia y los tiempos y las cosas marchan de tal manera que su modo de proceder sea bueno, tiene éxito; pero, si los tiempos y las cosas cambian, se arruina, porque no cambia de forma de proceder. Y no se encuentra a nadie tan prudente que sepa adaptarse a esto. Ya sea porque no se puede desviar de aquello a lo que lo inclina su naturaleza[3], ya sea porque, habiendo prosperado siguiendo un camino, no se puede convencer de alejarse de él[4]. Y así, cuando llega el momento en que el hombre precavido proceda con ímpetu, no sabe hacerlo[5] y fracasa, porque, si supiera adecuar su modo de ser a los tiempos y a las cosas[6], no cambiaría nunca su fortuna.

El papa Julio procedió en sus cosas de forma impetuosa[7];

---

[1] *Cuando no se actúa a destiempo y sigue uno sus inclinaciones.* C.

[2] *Adaptarse a las exigencias de las circunstancias sin perder energía es lo más difícil, y además requiere un carácter fuerte. Dentro de nada se verá la grandeza y flexibilidad de mi proceder.* I. E.

[3] *Es difícil, pero lo conseguiré.* I. E.

[4] *Ser bueno cuando uno reina, porque ya lo era antes de reinar, con el fin de reinar, es el sistema más ruinoso.* I. E.

[5] *Yo estoy completamente seguro, es inevitable.* I. E.

[6] *Imposible. Absolutamente imposible.* I. E.

[7] *Para mi fortuna ya no hay papas como aquél, que tiró al Tíber las llaves de San Pedro para poder empuñar la espada de San Pablo.* I. E.

y encontró los tiempos y las cosas tan acordes a su modo de proceder que tuvo éxito en todo. Pensad en su primer ataque contra Bolonia, cuando aún vivía Giovanni Bentivoglio. Los venecianos no le veían con buenos ojos, el rey de España tampoco y con Francia discutía sobre tal ataque, y, sin embargo, con su ímpetu y ferocidad decidió llevar a cabo personalmente aquella expedición[1] [141]. Su rápida acción dejó sorprendidos y paralizados a España y a los venecianos[2]: éstos por miedo, aquélla por el deseo de recuperar el reino de Nápoles [142]. Por otra parte arrastró tras sí al rey de Francia, porque el rey, al ver que el papa se ponía en acción, y deseando aliarse con él para someter a los venecianos[3], estimó que no podía negarle su apoyo militar sin injuriarlo abiertamente. Así pues, Julio llevó a cabo con su acción impetuosa lo que ningún otro pontífice, con toda la humana prudencia, habría logrado[4]. Porque, si hubiera esperado a partir de Roma con todos los acuerdos suscritos y todas las cosas en regla, como cualquier otro pontífice[5] hubiera hecho, nunca lo habría conseguido, porque el rey de Francia habría puesto mil excusas y los demás le habrían infundido mil temores[6]. No quiero hablar del resto de sus acciones, pues todas fueron parecidas y en todas consiguió el éxito; y la brevedad de su vida[7] no le dejó experimentar lo contrario. Porque, de haber llegado tiempos en los que hubiera tenido que proceder con precaución, su ruina hubiera sido inevitable,

---

[1] *He seguido esta táctica no por inclinación mecánica como él, sino de forma calculada, siempre intencionadamente.* I.

[2] *Si, después de mi vuelta, mis aliados piensan volver a tomar las armas, conviene que yo produzca en ellos el mismo efecto.* I. E.

[3] *Imaginar algo parecido para los aliados, según vaya su política.* I. E.

[4] *A veces se necesita una imprudencia, aunque muy calculada.* I. E.

[5] *¡Cuántos soberanos, incluso no presbíteros, obran con esa lenta y estúpida prudencia!* I. E.

[6] *Si no prevengo todo, les permito que me juzguen indigno de reinar.* I. E.

[7] *Es prodigioso actuar durante diez años, y con éxito, de la misma forma. Machiavelli debería haber añadido que Julio II, con los tratados de paz, sabía adormecer la potencia que quería sorprender.* C.

pues nunca se habría desviado del modo de proceder al que se sentía inclinado por naturaleza[1].

Concluyo que, como la fortuna cambia y los hombres siguen obstinados en su proceder, son felices cuando concuerdan, e infelices cuando no lo hacen. Sin embargo, yo sostengo lo siguiente: que es mejor ser impetuoso que precavido[2], porque la fortuna es mujer, y si se la quiere tener sometida, es necesario castigarla y golpearla. Y se deja vencer antes por éstos que por quienes proceden fríamente. Por eso, como mujer, es siempre amiga de los jóvenes[3], porque son menos precavidos, más feroces y la dominan con más audacia.

---

[1] *Cuando la forma de proceder en sintonía con nuestro carácter ha producido buenos resultados, (me parece) que se tienen razones bastante buenas para proseguir, mezclándola, sin embargo, con un poco de hipócrita moderación diplomática.* I. E.

[2] *Estoy de acuerdo. Mis repetidas experiencias no me permiten ninguna duda sobre el particular.* I. E.

[3] *¡Me lo ha demostrado tantas veces! Pero, si no fuera tan joven, no contaría con sus favores. ¡Démonos prisa! Si hay competencia, tiene que decidirse a mi favor.* I. E.

XXVI. EXHORTATIO AD CAPESSENDAM ITALIAM IN LIBERTATEMQUE A BARBARIS VINDICANDAM[1]*

Así pues, después de haber considerado todas las cosas de las que hemos hablado, y pensando para mis adentros si en estos momentos los tiempos en Italia eran adecuados para honrar a un nuevo príncipe, y si había materia que diese a un príncipe prudente y virtuoso la oportunidad de introducir en ella una forma que le diese honor a él y bienestar a todos los hombres de Italia[2], me parece que hay tantas cosas que concurren en favor de un príncipe nuevo que no puede haber a mi entender momento más apto que éste[3]. Y si, como dije [143], para que se viera la virtud de Moisés era necesario que el pueblo de Israel permaneciera esclavo en Egipto; para conocer la grandeza de ánimo de Ciro, que los persas estuvieran oprimidos por los medos, y para saber de la excelencia de Teseo, que los atenienses estuvieran dispersos, ahora, de la misma forma, para poder conocer la vir-

---

* EXHORTACIÓN PARA TOMAR ITALIA Y LIBERARLA DE MANOS DE LOS BÁRBAROS.

[1] *Machiavelli usaba expresiones de antiguo romano, y se refería en particular a los franceses. Por el contrario, los bárbaros a los que yo tengo que echar de Italia por cuenta de ellos son las casas de Austria y de España, al papa, etc.* G.

[2] *Magnífico esquema que yo tenía que poner en práctica. Si lo hubiese intentado con italianos tan blandengues como los actuales no lo habría conseguido; pero, al ser italiano, lo puedo intentar con los franceses, de los cuales los italianos a mis órdenes aprenderán a sustituirles tras actos de valor marcial.* G.

[3] *La época actual es mucho más propicia, ya que la repercusión de la revolución francesa en Italia ya ha producido una explosión de desórdenes políticos y la fermentación de los ánimos.* G.

tud de un espíritu italiano, era necesario que Italia se viera reducida a su actual situación, y que estuviese más esclavizada que los hebreos, más sometida que los persas, más dispersa que los atenienses, sin jefe, sin orden, vencida, expoliada, desgarrada, asolada, y que hubiese soportado toda clase de calamidades[1]. Y si bien hasta ahora se ha mostrado algún indicio en alguno [144], que hacía pensar que Dios le había escogido para su redención[2], después, sin embargo, se ha visto cómo, en el momento culminante de sus acciones, era reprobado por la fortuna. De forma que, desfallecida, espera a quien pueda curarle sus heridas y ponga fin a los saqueos de Lombardía, a los impuestos del reino de Nápoles y de Toscana, y la cure de sus llagas, ulceradas desde hace tanto tiempo[3]. Se puede ver cómo ruega a Dios para que le mande a alguien que la redima de estas crueldades e insolencias bárbaras[4]. Se la ve también pronta y dispuesta a seguir una bandera, con tal de que haya uno que la enarbole. Y en el momento actual no parece haber nadie en quien más pueda depositar sus esperanzas que en vuestra ilustre casa[5] [145], la cual, con su fortuna y virtud, favorecida por Dios y por la Iglesia, de la que ahora es príncipe, puede ponerse en cabeza de esta redención[6]. Esto no será muy difícil si tenéis presentes las acciones y la vida de los hombres antes mencionados[7]. Y, aunque aquellos hombres sean singulares y extraordinarios[8], sin embargo fueron hombres[9], y ninguno de ellos tuvo una oportunidad como la actual. Porque su em-

---

[1] *Ponerla en la misma situación para soliviantarla más tarde bajo un único cetro.* G.

[2] *¿Se refiere a mí? No.* G.

[3] *Estoy dispuesto a salvarla, sacando naturalmente ventaja para mí, pero antes hay que poner hierro y fuego en sus llagas.* G.

[4] *Con estos bárbaros escucharé tus plegarias.* G.

[5] *Sí, si yo entonces hubiese formado parte de ella.* G.

[6] *"Ponerse en cabeza", sí; llevarlo a término, no. Incapaz de hacer más de lo que ha hecho.* G.

[7] *Pero hay que ser tan fuerte como ellos para poderlos imitar.* G.

[8] *El Magnífico Lorenzo no tenía ese temple.* G.

[9] *Mal razonamiento. Hay hombres y hombres* G.

presa no fue más justa que ésta, ni más fácil, ni Dios les fue más propicio que a vos. Hay mucha justicia en nuestra causa: *iustum enim est bellum quibus necessarium, et pia arma ubi nulla nisi in armis spes est* [146]. Aquí hay una gran disposición; y donde hay gran disposición no puede haber gran dificultad[1], con tal de que vuestra casa siga el ejemplo de aquéllos que os he propuesto como modelo. Además, aquí se ven señales extraordinarias, sin precedente, realizadas por Dios: el mar se ha abierto; una nube os ha señalado el camino; de la roca ha manado agua; aquí ha llovido el maná[2]; todo concurre a vuestra grandeza. El resto lo debéis hacer vos[3]. Dios no quiere hacerlo todo para quitarnos el libre arbitrio y parte de aquella gloria que nos corresponde[4].

Y no debe extrañarnos que ninguno de los italianos citados [147] haya podido hacer lo que esperamos haga vuestra ilustre casa, y que parezca que con tantas revoluciones y tantas operaciones de guerra la virtud de Italia se ha extinguido. Esto se debe a que la antigua organización militar no era buena y a que no ha habido nadie que haya sabido encontrar otra nueva[5]. Y no hay nada que dé tanto honor a un hombre que acaba de surgir como las nuevas leyes y las nuevas instituciones creadas por él[6]. Estas cosas, cuando están bien fundadas y poseen grandeza, le hacen respetable y admirable[7]. Y en Italia no falta materia a la que dar forma[8]; aquí hay

---

1 *En todo esto hay mucha verdad, pero lo más evidente es el enorme ardor de Machiavelli por este proyecto.* G.

2 *Todos estos milagros se han repetido mucho más realmente en mí que en Lorenzo de Medici.* C.

3 *Lo haré.* C.

4 *Se ve que Machiavelli quería tener su parte; yo se la reconozco desde el momento que me ha sido muy útil.* I.

5 *Con la mía, tan gloriosamente experimentada en Francia y que ellos recibirán, el éxito está garantizado.* C.

6 *Mi táctica ha sido inventada por mí; ante ella se doblegan los poderosos de Europa.* I.

7 *Las mías han recibido este doble homenaje de toda Europa.* I.

8 *Alentador y cierto.* G.

mucha virtud en los miembros, pero siempre que no falte en los jefes. Observad los duelos y los torneos [148] y podréis ver en qué medida los italianos son superiores en fuerza, en destreza y en ingenio[1]. Sin embargo, cuando observamos a los ejércitos, vemos que estas cualidades no aparecen en ellos. Y todo proviene de la debilidad de los jefes; porque los que saben no son obedecidos, y a todos les parece saber, y hasta el momento no ha habido ninguno que sobresalga por encima de los demás en virtud o en fortuna y a quien los demás se vieran obligados a obedecer[2]. Ésta es la causa de que, en tanto tiempo, en tantas guerras como se han sucedido en los últimos veinte años, siempre que ha habido un ejército completamente italiano[3] haya dado malos resultados, como se mostró primero en Taro y después en Alessandria, Capua, Genova, Vailà, Bolonia, Mestre [149].

Por lo tanto, si vuestra ilustre casa quiere seguir el ejemplo de aquellos hombres sobresalientes que redimieron sus tierras, es necesario, ante todo, como verdadero fundamento de toda empresa, proveerse de ejércitos propios; porque no se pueden tener soldados más fieles, más auténticos ni mejores. Y, aunque cada uno de ellos sea bueno en particular, todos juntos serán mejores cuando se vean mandados por su príncipe y honrados y sostenidos por él[4]. Es necesario, pues, preparar este ejército, para poder defenderse de los extranjeros con la virtud itálica[5]. Y, aunque la infantería suiza y española sean consideradas formidables, en ambas hay sin embargo un defecto por el cual una tercera forma de organización militar podría no sólo oponerse a ellas, sino

---

[1] *¡También yo soy italiano! Mis rivales son los franceses.* C.

[2] *No era fácil que en el siglo XVIII se diese un hombre hasta ese momento inhallable.* G.

[3] *Esto me resultará fácil sólo después de que haya salido de una amalgama preliminar con el ejército francés.* G.

[4] *¿Qué no haré cuando, en calidad de príncipe de los dos, tenga al mismo tiempo un ejército francés y un ejército italiano?* G.

[5] *No habla nada más que de defenderse de los extranjeros, y yo quiero incluso conquistarles y hacerles súbditos míos.* G.

también confiar en vencerlas[1]. Porque los españoles no pueden resistir a la caballería, y los suizos han de temer a los soldados de infantería cuando se enfrenten a otros tan obstinados como ellos. Así se ha visto y se verá por experiencia que los españoles no pueden resistir a la caballería francesa y que los suizos son derrotados por la infantería española[2]. Y aunque de esto último no hayamos tenido una experiencia completa, sin embargo se ha visto un ensayo en la batalla de Ravenna [150], cuando la infantería española se enfrentó con los batallones alemanes, que guardan el mismo orden de combate que los suizos; donde los españoles, con su agilidad y la ayuda de sus escudos, se deslizaban por debajo de las picas de los alemanes y estaban seguros de hacerles daño, sin que los alemanes pudieran responder. Y si no hubiese sido por la caballería que les embistió, les habrían matado a todos. Así pues, una vez conocidos los fallos de estas dos infanterías, se puede crear una nueva, que resista la caballería y no tenga miedo a la infantería, lo cual se conseguirá con la calidad de las tropas y con nuevas organizaciones[3]. Y éstas son las cosas que, organizadas de nuevo, dan fama y grandeza a un príncipe nuevo[4].

No se debe, pues, dejar pasar esta oportunidad, con el fin de que Italia, después de tanto tiempo, vea a un redentor[5]. Y no puedo expresar con cuánto amor sería recibido en todas aquellas provincias que han sufrido por estos aluviones extranjeros; con qué sed de venganza, con qué obstinada confianza, con qué devoción, con qué lágrimas. ¿Qué puertas se le cerrarían? ¿Qué pueblos le negarían la obe-

---

[1] *Compasiva tradición, que ha dejado en el olvido la pólvora. Estos presuntuosos maestros del arte militar no eran más que niños.* G.

[2] *Hoy aún tiene que ser así; por consiguiente, sabré regularme en el momento oportuno.* G.

[3] *Todo hecho.* G.

[4] *Mi táctica, de la que ellos no tienen el secreto, me produce mucho más de lo que podría conseguir Lorenzo.* G.

[5] *Por fin lo ha reconocido en mí.* I.

diencia? ¿Qué envidia se le opondría? ¿Qué italiano le negaría el respeto? A todos repugna este bárbaro dominio[1]. Tome, pues, vuestra ilustre casa este asunto con el ánimo y con la esperanza con que se deben emprender las causas justas, a fin de que, bajo su enseña, esta patria se ennoblezca[2], y bajo sus auspicios se hagan realidad las palabras de Petrarca [151]:

> *Virtud contra furor*
> *tomará las armas; el combate será breve,*
> *porque el antiguo valor*
> *no ha muerto aún en los corazones itálicos*[3].

---

[1] *He visto que se iban cumpliendo en favor mío todas estas predicciones. Todo, hasta la Ciudad Eterna, se vanagloria de ser parte de mi imperio.* I.

[2] *Se ennoblecerá más, si se puede hacer sin peligro para mí.* I.

[3] *Gracias a mí, éste revive casi por completo; pero hay que estar atentos para no dejar que los italianos se reúnan en un solo organismo nacional, a no ser que yo quiera destruir Francia, Alemania, toda Europa.* I.

NOTAS

[Las notas a pie de página, con números volados, son las *anotaciones* de Napoleón Bonaparte. Los números entre corchetes [ ] corresponden a las notas aclaratorias, que van explicadas al final de este libro.]

[1] Lorenzo, hijo de Piero y sobrino del papa León X, gobernó Florencia, más de nombre que de hecho, desde 1513; en 1516 se convirtió en duque de Urbino, ya que León X había expulsado a Francesco Maria della Rovere.

[2] Francesco Sforza (1401–1466), hijo del mercenario Muzzio Attendolo. Estuvo al servicio de varios estados y príncipes, entre ellos Filippo Maria Visconti, duque de Milán, que le concedió la mano de su hija, Bianca Maria. A la muerte del duque (1447), la República le confió el mando de la guerra contra Venecia, pero Sforza llegó a un acuerdo con los venecianos, dirigió sus ejércitos contra la republicanos milaneses, y les obligó a entregarle el gobierno de la ciudad (1450).

[3] Fernando el Católico concertó la repartición del reino de Nápoles con Luis XII (Tratado de Granada, 11 de noviembre de 1500). En los años siguientes, el ejército español, acaudillado por Gonzalo de Córdoba, derrotó a los franceses en Cerignola (26 de abril de 1503). Así Fernando el Católico pudo anexionar Nápoles al reino de Aragón y convertirlo en virreinado (1504).

[4] Dos conceptos fundamentales. *Fortuna* significa el conjunto de acontecimientos que el príncipe debe afrontar; *virtud* traduce el término latino «virtus» (energía moral y militar, heroísmo) acentuando la idea implícita de eficiencia, habilidad estratégica.

[5] Se refiere a sus *Discursos sobre la primera década de Tito Livio*.

[6] Alude a los duques de Ferrara: Ercole d'Este (1471–1505), vencido por los venecianos en la guerra que acabó con el tratado de Bagnolo (1484), y Alfonso d'Este (1505–1534), a quien, por haberse unido a Luis XII en la Liga Santa (1510–12), el papa Julio II le privó del estado.

[7] Luis XII (1498–1515), arrogándose derechos sobre el ducado de Milán, se unió a los venecianos, mandó un ejército a las órdenes de Gian Giacomo Trivulzo, ocupó Milán, y Ludovico el Moro tuvo que refugiarse en Alemania. Pero pronto los milaneses se levantaron contra Trivulzo y los franceses fueron objeto de vejaciones.

[8] En octubre de 1511, España y Venecia se unen al papa —Liga Santa— para expulsar a los franceses de Italia. La guerra se decidió en la batalla de Ravenna (1512), y, aunque los franceses vencieron, tuvieron que retirarse por la muerte de su capitán, Gastón de Foix.

[9] Normandía se unió a la corona de Francia con Felipe II en 1204; Gasconia, con Carlos VII en 1453; Borgoña, con Luis XI en 1477, tras la muerte de Carlos el Temerario; Bretaña pasó a Carlos VIII en 1491 por su boda con Ana de Bretaña.

[10] Toda la península de los Balcanes. Con la toma de Constantinopla (1453) se puede considerar fundado el imperio turco en Europa.

[11] Los aqueos y los etolios son los "menos poderosos" de Grecia; el "poderoso" es Filipo V de Macedonia (190), y Antíoco de Siria, el "forastero poderoso". Los hechos a los que se refiere el autor tuvieron lugar entre el año 200 y 189 a. C.: primero la lucha se desencadenó contra los romanos, que tuvieron como aliados a los etolios, y Filipo fue vencido en Cinoscéfalos (197); luego Filipo se unió a los romanos, y Antíoco de Siria, apoyado por los etolios, fue derrotado.

[12] Carlos VIII.

[13] Desde 1499 hasta 1512, mientras Carlos VIII, que llegó a Italia en agosto de 1494, tuvo que huir en julio de 1495.

[14] Génova pasó a depender del rey Luis. Florencia se comprometió a ayudarle en la defensa de Milán y en la empresa de Nápoles, compensándoles con el envío de tropas para tomar Pisa. El marqués de Mantova era Francesco Gonzaga. Señora de Forlì e Imola era Caterina Sforza.

[15] Alejandro VI (1431–1503).

[16] Luis XII fue a Italia en 1502 no por el motivo que indica Machiavelli, sino para preparar la guerra contra España.

[17] Federico I de Aragón, rey de Nápoles (1496–1501), habría quedado como tributario del rey de Francia.

[18] Luis XII, tras entrar en la Liga de Cambray (diciembre de 1508), derrotó a los venecianos en Agnadello (mayo de 1509), y recuperó las tierras conquistadas al ducado de Milán y la república se encontró en grave peligro.

[19] Luis XII obtuvo de Alejandro VI la disolución de su matrimonio con la deforme Juana, hija de Luis XI y hermana de Carlos VIII. Y el papa concedió además el capelo cardenalicio a Georges d'Amboise, arzobispo de Rouen, consejero e inspirador del rey. Cesare Borgia, que había dejado el hábito de cardenal, obtuvo el condado de Valence y el título de duque de Valentinoys. Y por esto se le llamó el Valentino.

[20] Desde el año 334 al 327 a. C.

[21] El imperio, a la muerte de Alejandro gobernado por siete generales griegos, se enzarzó en unas luchas internas, y el vasto dominio se desmembró en once reinos, entre los que se encuentra el de Egipto (tolomeos), el de Siria (seleúcidas) y el de Macedonia (antígonos).

[22] Darío III Codomano, rey de Persia (337–330 a. C.), a quien Alejandro Magno le quitó su vastísimo imperio.

[23] Rebeliones contra Roma de los pueblos sometidos: la de la Liga Etólica (cfr. *cap. anterior*), la de la Liga Aquea (terminó con la destrucción de Corinto, 146 a. C.), la de los celtíberos (155–154 y 149–133) y la gran insurrección de las Galias (53–52), reprimida por César.

[24] Pirro, rey de Epiro (318–272 a. C.), conquistó Sicilia e Italia meridional, pero las perdió enseguida por las insurrecciones.

[25] Un gobierno oligárquico.

[26] Esparta, victoriosa en la guerra del Peloponeso, impuso a Atenas un gobierno oligárquico —los Treinta Tiranos (404 a. C.)—, que cayó al año siguiente a manos de Trasíbulo. En el año 382 a. C. pusieron en Tebas un gobierno oligárquico, del que se desembarazaron los tebanos en el año 379 a. C. con Pelópidas y Epaminondas.

NOTAS

[27] Capua, que se rebeló en el 216 a. C., tras la batalla de Canne, no fue destruida, pero perdió la independencia y mataron a todas las personalidades. Cartago fue destruida en 146 y Numancia en 133 a. C.

[28] En 196 a. C. T. Q. Flaminino proclamó en Corinto la libertad de Grecia, pero, después de varias guerras, fue destruida Cartago (146 a. C.) y Grecia quedó reducida a provincia romana.

[29] Los florentinos adquirieron Pisa con Gabriele Visconti en 1405. Consiguieron someterla en 1406 y la perdieron en 1494 con el declive de Carlos VIII. Sólo en 1509 volvieron a gobernar la ciudad.

[30] *Moisés,* personaje entre legendario e histórico, del siglo XIII a. C., es, según la tradición, el legislador del pueblo hebreo y su redentor del poder egipcio. *Rómulo,* el legendario fundador de Roma, del siglo VIII a. C., y *Teseo,* héroe mítico y rey de Atenas, del siglo XII a. C., son las dos figuras en torno a las cuales gira la tradición romana y griega de los orígenes. Ciro, por el contrario, fundador de la monarquía persa (560 a. C.), es un soberano bien conocido por la historia. Machiavelli se muestra indistinto con la realidad histórica y resalta lo que pueden tener de notables datos simplemente verosímiles.

[31] El reino de los Medos era, entre el siglo VII y VI a. C., el estado más extendido de Asia occidental. Este pueblo gozó un largo periodo de paz bajo Astieges; y, perdidas sus virtudes por una vida disipada, lo sometió a Ciro, y dió comienzo el predominio persa, que duró hasta Darío III (cfr. nota 22, del capítulo IV).

[32] Girolamo Savonarola (1452–1498) entró en la Orden de los dominicos, consiguió fama en Florencia, adonde fue a predicar a San Marcos en 1481. A la caída de los Medici en 1494, su ascendencia sobre la gente fue tal que al año siguiente reordenó, con Antonio Soderini, la república florentina como permaneció hasta 1512. Pero, enfrentado con los partidarios de los Medici, con los franciscanos, con Alejandro VI, fue ahorcado y quemado en la plaza de la Signoria el 23 de mayo de 1498.

[33] Hierón II, tirano de Siracusa (263–214 a. C.), aliado con los cartagineses en la primera guerra púnica, se alió más tarde con los romanos durante todo su reinado.

[34] "Para poder reinar no le faltaba nada más que el reino" (Cita libre del historiador *Justino XXIII, 4*).

[35] Darío I dividió el imperio en veinte o veintitrés satrapías, en las que estaban comprendidas las ciudades griegas de Asia Menor, o sea Jonia, y los países limítrofes el estrecho de Dardanelos (Helesponto). Luego quiso someter a Grecia, y así nació la primera guerra greco-persa. Los generales de Darío fueron vencidos en Maratón (490 a. C.)

[36] Ludovico el Moro protegía a su sobrina Caterina, señora de Forlì, y al señor de Pesaro, Giovanni Sforza, también pariente.

[37] Los principales caudillos de las tropas italianas eran, entonces, los Vitelli de Città di Castello, los Baglioni de Perugia, los Orsini, los Colonna y los Savelli romanos: barones romanos y señorones de Italia central: los primeros enemigos del poder temporal de la Iglesia.

[38] Tras el acuerdo entre Luis XII y Alejandro VI, el Valentino obtuvo del rey notables ayudas militares: con éstas y con otras pagadas por él empezó

la campaña de Romaña, que terminó en enero de 1503. Para legitimar la acción de su hijo, Alejandro VI declaró caducados los derechos de los señores de Romaña y de Las Marcas por no haber pagado el tributo debido a la Iglesia.

[39] Tras ocupar Faenza (25 de abril de 1501), el Valentino había podido apoderarse de Bolonia, e intentó dar un golpe de mano en Castel Bolognese, que tomó de improviso, pero, bien por la indecisión de los Orsini o por el rechazo a seguirle de las tropas francesas, tuvo que pactar con Giovanni Bentivoglio, señor de Bolonia.

[40] En Magione (Perugia), se estableció una liga contra el Valentino el 9 de octubre de 1502, entre los Orsini, los Bentivoglio, los Baglioni, Vitellozo Vitelli, Oliverotto de Fermo y Antonio de Venafro, legado de Pandolfo Petruci, señor de Siena, "para no ser devorados uno a uno".

[41] El 25 de octubre de 1502 Paolo Orsini se reconcilió en Imola con el Valentino, en nombre de los conjurados, y los Orsini y los Vitelli recuperaron Senigallia. Y él, tras entrar en la ciudad el 21 de diciembre, acompañado entre otros por Machiavelli, delegado florentino, hizo estrangular al día siguiente a Vitellozo Vitelli y a Oliverotto de Fermo, y pocos días después a Paolo Orsini y al duque de Gravina Orsini.

[42] Ramiro o Remigio de Lorqua, antes mayordomo del Valentino, a quien se había traído de Francia en 1498, fue más tarde lugarteniente general de Romaña en 1501. Llevado a prisión el 22 de diciembre de 1502, lo mataron la mañana del 26.

[43] Parece que Remigio hacía acopio de bienes por su cuenta y que también estaba de acuerdo con los conjurados de Magione.

[44] Al declararse la guerra para repartir el reino de Nápoles entre Luis XII y Fernando el Católico (cfr. *cap. I y III),* yéndoles mal a los franceses, derrotados por Gonzalo de Córdoba en Seminara y Cerignola (1503), Alejandro VI negoció con los españoles que asediaban Gaeta la posibilidad de una empresa común contra Toscana y el Milanesado; pero, de repente, el 18 de agosto de 1503 murió de apoplejía.

[45] El Valentino, que aspiraba a conquistar Toscana para hacer un reino con los otros que tenía, ocupó Piombino en septiembre de 1501; Perugia, en enero de 1503, y estaba intentando entrar en Pisa para cerrar la tenaza contra el estado florentino.

[46] Giuliano della Rovere, cardenal de San Pietro ad Vincula, elegido papa, con el nombre de Julio II, el 28 de octubre de 1503, tras un brevísimo pontificado (26 días) de Pío II. El cardenal Della Rovere, contrario a los Borgia, poco antes del cónclave llegó a un acuerdo con el Valentino para obtener los votos de los cardenales partidarios, comprometiéndose a hacerle Gonfaloniero Universal de la Iglesia y reponerlo en el estado de Romaña. Promesas que no fueron cumplidas.

[47] Son, respectivamente, los cardenales Giuliano della Rovere (más tarde, Julio II), Giovanni Colonna, Raffaello Riario y Ascanio Sforza; Ruano es Georges d'Amboise, arzobispo de Rouen.

[48] Agatocles, tirano de Siracusa del 316 al 289 a. C., hombre de singular valor y pericia, consiguió reunir la Sicilia griega bajo la hegemonía de Siracusa, y asegurar la prevalencia del elemento helénico sobre el semítico

NOTAS

(cartagineses). Sus luchas fueron afortunadas: ya amenazando, en África, al imperio cartaginés, o a un paso de su derrota, pero hacia el año 305–304 se convirtió en rey de la Sicilia griega.

[49] Amílcar Barca (290–229 a. C.), padre de Aníbal, jefe del ejército cartaginés en Sicilia durante la primera guerra púnica.

[50] Oliverotto Euffreduci de Fermo se apoderó del dominio, como cuenta el autor, el 26 de diciembre de 1501; un año más tarde el Valentino lo mandó asesinar en Senigallia (cfr. *cap. VII*).

[51] Paolo Vitelli, capitán general de los florentinos en la guerra de Pisa, fue ajusticiado, como traidor, el 1 de octubre de 1499.

[52] Nabis, tirano de Esparta entre el 205 y el 192 a. C., asumió el título de rey a la muerte del joven Pélope. Figura de pirata y aventurero, intentó atraerse a las clases desheredadas, prometiéndoles la distribución de las tierras arrebatadas a los terratenientes y poniendo patas arriba el antiguo orden social: se valió de la peligrosa situación en la que se encontraba Filipo de Macedonia para prometer la alianza y recibir como compensación la ciudad de Argos. Al declarar la guerra a la Liga Aquea, fue atacado por los romanos, que se habían unido a la Liga. Asediado en Esparta, tuvo que aceptar la paz que le impuso el cónsul Flaminio (195 a. C.). Murió luchando contra los aqueos.

[53] Tiberio Sempronio y Caio Sempronio, tribunos de la plebe: murió el primero en un motín en el 133, y el segundo, para no caer en manos de sus adversarios, parece que se hizo matar por un esclavo en el 121 a. C. Promovieron la revolución para impedir la ruina de la clase rural, que se iba desmembrando desde la segunda guerra púnica, para oponerse a los desastrosos efectos sociales y políticos del gobierno oligárquico, pero la impotencia moral y económica de la clase a la que querían salvar les llevó a la ruina.

[54] Rico ciudadano florentino, que, tras el motín de Ciompi (1378), se convirtió, junto con Tommaso Strozzi, en jefe de la plebe; pero la insolencia y el odio de los que querían que la ciudad no estuviera en sus manos llevó a Scali a la muerte (en el 1382) y a Strozzi a huir.

[55] Alude a la Liga de Cambray (1508), en la que Julio II participó con Luis XII, el emperador Maximiliano y Fernando el Católico, de la que el papa fue promotor para apoderarse de la Romaña y quitar a los venecianos Rìmini y Faenza. (cfr. *cap. III, nota 8*).

[56] En 1488 los venecianos declaran la guerra a Ercole d'Este, porque había roto los pactos para fabricar la sal. Se formó una liga entre Alfonso, rey de Nápoles, Lorenzo el Magnífico y Ludovico Sforza, para luchar contra Venecia, más tarde se adhirió también el papa Sixto IV. La guerra acabó con el tratado de Bagnolo (7 de agosto de 1484), por el que Venecia se quedó con el Polèsine y Rovigo.

[57] Sixto IV, papa desde 1471 a 1484. Nepotista, político ambicioso y mecenas.

[58] Con la venta de altos cargos eclesiásticos.

[59] Adueñándose de Perugia, mediante un acuerdo con Gian Paolo Baglioni, Julio II entró triunfalmente en Bolonia el 11 de noviembre de 1506, de donde había huido Giovanni Bentivoglio.

[60] León X, hijo de Lorenzo el Magnífico, fue elegido papa el 21 de febrero de 1513.

[61] Frase atribuida a Alejandro VI. Se llamó "guerra de la tiza" a la empresa militar de Carlos VIII (1494), pues el único esfuerzo de los franceses fue marcar con tiza las casas destinadas a alojar soldados.

[62] Al acabar la primera guerra púnica, las tropas cartaginesas de Sicilia fueron enviadas por Hierón, su comandante, a Cartago. Como no pagaran a las tropas, éstas se alzaron contra sus jefes. Esta guerra, que duró del 241 al 237 a. C., fue larga y dura. Y Cartago tuvo que enfrentarse con un peligro mayor al que le sometió el ejército romano.

[63] Filipo, padre de Alejandro Magno (382–336 a. C.), fue el jefe de los tesalos y de los tebanos en la primera guerra sagrada, cerca del 355, contra los focios, pero más tarde se volvió contra la antigua aliada.

[64] Victoria de Caravaggio, 15 de septiembre de 1448 (*cap. I* y *VII*).

[65] Muzio Attendolo Sforza, caudillo a sueldo de Ladislao, rey de Nápoles, se quedó, a la muerte de éste, a las órdenes de Giovanna II, que le había sucedido en el reino (1414–35), pero en 1426 se rebeló y pasó a los servicios de Luis III d'Anjou, pretendiente al trono, y la reina tuvo que tomar a sueldo a Andrea Braccio de Montone, y adoptar como hijo y sucesor a Alfonso, rey de Aragón y Sicilia.

[66] John Hawckwood, llamado vulgarmente Giovanni Acuto, famoso capitán de ventura que en 1377 estuvo al servicio de Florencia.

[67] cfr. *cap. VIII*.

[68] Francesco Bussone, conde de Carmignola, pasó de prestar servicios a Filippo Maria Visconti a prestárselos a los venecianos en 1425, venció a los milaneses en Maclodio (11 de octubre de 1427) y consiguió para la república de Venecia Bergamo y Brescia. Bajo sospecha de acuerdo con el enemigo, el senado veneciano lo arrestó, lo procesó y lo decapitó por traición el 5 de mayo de 1432.

[69] Bartolomeo Colleoni de Bergamo, vencido por Sforza en Caravaggio (1448). Ruberto de San Severino, capitán de los venecianos en la guerra de Ferrara (1482–84). Niccolò Orsini, conde de Pitigliano, también comandante de las tropas vénetas en Agnadello o Vailate.

[70] Desde la bajada de Enrique VII (1311) a las últimas bajadas de Carlos IV (1355 y 1368), que volvió a Alemania "con gran vergüenza por la caída de la majestad imperial".

[71] Alberigo de Barbiano, conde de Cunio, fundador de la "Compañía de San Giorgio", una de las primeras y más conocidas compañías de tropas mercenarias, murió en 1409.

[72] Ocupada Bolonia (cfr. *cap. XI*), Julio II quiso apoderarse también de Ferrara (1510), pero, derrotado por Alfonso d'Este y por las tropas francesas de Trivulzio, no sólo tuvo que abandonar esta empresa, sino que fue obligado a escapar de Bolonia, donde volvieron los Bentivoglio. Julio II se unió con Fernando el Católico (Santa Liga, 1511).

[73] Los franceses vencieron a los españoles en Ravenna (11 de abril de 1512), pero la muerte de su general, Gastón de Foix, y la llegada de un ejército de veinte mil suizos, a sueldo del papa, les obligaron a retirarse y dejar la Romaña y la Lombardía (cfr. *cap. III*).

[74] En junio de 1500 Luis XII envió unos ocho mil, entre gascones y suizos, al mando de Hugo de Beaumont, en ayuda de los florentinos para la toma de Pisa, pero, por la indisciplina de las tropas, el auxilio tan invocado se convirtió en un problema para la república.

[75] Juan Cantacuzeno, en lucha dinástica con los paleólogos, se alió en 1346 con Utmán, sultán de los turcos. Éste envió en ayuda del emperador a su hijo Solimán. Es la primera estancia de los turcos en Europa.

[76] Carlos VII (1422–1461) acabó victoriosamente la guerra de los "Cien años" con los ingleses (duró desde 1337 a 1472); y, durante una tregua, estableció las "compañías de ordenanza", con las que puso la primera piedra del nuevo ejército francés.

[77] Luis XI (1461–1483), organizador de la monarquía francesa, tomó a sueldo a los suizos, y abolió la infantería.

[78] Se refiere a la derrota de Novara (junio de 1513), que sufrieron los franceses a manos de los suizos.

[79] La primera vez bajo el emperador Valente, en el 376 a. C., y luego bajo Teodosio (382).

[80] "Pues nada es tan frágil e inestable como la fama de una potencia no fundada en sus propias fuerzas." (Tácito, *Anales, XIII, 13).*

[81] Cesare Borgia, Hierón, Carlos VII y David.

[82] Creador de la falange macedonia, la mayor y más orgánica conquista del arte militar en el mundo helénico.

[83] Ludovico el Moro perdió el estado en 1500; a Massimiliano Sforza, aupado al gobierno por la Liga Santa (1512), se le destronó en 1515, tras la victoria de Francisco I, en Marignano (13 de septiembre de 1515).

[84] Filopemen (253–183 a. C.), jefe y estratega de la Liga Aquea, llamado por Plutarco "el último griego".

[85] Entre ellos, Platón con su *República.*

[86] Julio II, después de ser elegido papa, vendió cardenalato y oficios para amasar dinero. (cfr. *cap. XI, nota 58).*

[87] Luis XII.

[88] Fernando el Católico, "tacaño y avaro".

[89] César hizo muchas donaciones al pueblo romano, y realizó muchos gastos como magistrado, para aumentar su popularidad.

[90] Los florentinos favorecieron en Pistoia las luchas entre las dos facciones.

[91] Así habla Dido, que lamenta la hostilidad de los fenicios, oponiéndose al desembarco de los troyanos: "Una difícil condición y la novedad del reino me obligan a adoptar tales medidas y a establecer defensas en largos tramos de la frontera". *(Eneida* I, 563–64).

[92] En el 206 a. C., pero pronto fueron aplastados.

[93] Locros Epizefirios, en Sicilia, entregada al pillaje y sometida a violencias de todo tipo por Q. Pleminio, propretor, a quien Escipión dejó en la isla. Éste no le condenó y sólo castigó a algunos tribunos militares.

[94] Centauro, hijo de Crono y de la ninfa Fílira, maestro de los héroes griegos: Asclepio, Jasón, Hércules, Teseo y Aquiles.

[95] Fernando el Católico.

[96] Cfr. *cap. IX, nota 52.*

[97] El 24 de junio de 1445 Battista, jefe de los Canneschi, de acuerdo con Filippo Maria Visconti, asaltó a Annibale Bentivoglio y a los suyos y lo mató. Pero el pueblo, ayudado por los embajadores de Venecia y Florencia, mató a Battista y echó de la ciudad a los demás.

[98] Un tal Sante, hijo de Ercole y de una mujer de Poppi, sobrino de Annibale, gobernó desde 1445 a 1462.

[99] Giovanni Bentivoglio II fue privado del dominio a manos del papa Julio II (cfr. *cap. XI*).

[100] Empieza como Parlamento de Francia o de París bajo Luis IX en 1254, se hizo fijo con sede en París con Felipe IV el Hermoso (1302), que añadió el "tercer estado", modificando el antiguo carácter feudal.

[101] De Marco Aurelio a Maximino, o sea desde 161 hasta 238.

[102] Marco Aurelio Antonino, hijo adoptivo de Antonino Pío, reinó desde 161 hasta 169 en compañía de Lucio Vero, y solo hasta 180. Famoso por su espíritu filosófico, también fue un hombre de estado y supo enfrentarse con energía a las arremetidas de los marcomanos en Panonia.

[103] Publio Elvio Pertinax, emperador desde el 1 de enero al 26 de marzo de 193, fue asesinado por los pretorianos.

[104] Alejandro Severo (225–235), asesinado por sus soldados por instigación de Maximino, que le sucedió en el imperio.

[105] Lucio Septimio Severo (193–211), reorganizador de las cohortes pretorianas y del ejército, dando mayor relieve al elemento bárbaro.

[106] Marco Didio Juliano, tras el asesinato de Pertinax (193), compró en una subasta el derecho al imperio. Fue asesinado por los soldados de Severo, tras dos meses de reinado.

[107] La antigua Illiria de los romanos.

[108] Cayo Pescenio Níger, proclamado emperador por sus legiones en 193, vencido en Nicea por Severo y asesinado por sus soldados en 195.

[109] Decio Claudio Septimio Albino, comandante de las legiones británicas, llegó a un acuerdo con Severo, pero más tarde éste le venció en Lyon y fue decapitado en Roma en 197.

[110] Marco Aurelio Antonino Caracalla (211–217), mató a su hermano casi en los brazos de su madre, y gobernó con loca ferocidad.

[111] Instigado por Marco Opilio Macrino, prefecto de los pretorianos.

[112] Aurelio Cómodo Antonino sucedió a su padre Marco Aurelio en 180; murió asesinado en 192. Conocido por su vulgaridad y despotismo.

[113] Julio Vero Maximino, emperador desde 235, gobernó sin ir a Roma. Fue asesinado por sus soldados en Aquileia en 238.

[114] Antes se proclamaron en África emperadores Gordiano I y Gordiano II, reconocidos por el senado, y más tarde, al morir éstos, el senado eligió a Claudio Balbino y a Máximo Pupieno.

[115] Reinó desde los 15 a los 19 años, y fue asesinado por los soldados en 222. Famoso por sus vicios.

[116] Prefecto del pretorio, luego emperador (217–18), fue asesinado tras un solo año de reinado. Cfr. *nota 111*.

[117] Cfr. *nota 106*.

[118] El sultán de Egipto o del reino de los mamelucos, fundado en 1250, se unió a Turquía en 1517.

[119] Los famosos jenízaros: soldados de infantería, de la guardia imperial turca, reclutados entre hijos de cristianos.

[120] Poco después de la batalla de Agnadello o Vailate, Brescia, Verona, y Vicenza, Padova y otras ciudades se liberaron del dominio veneciano, pasando a depender del emperador Maximiliano o de Luis XII.

[121] Convertido en señor de Siena en 1500, después de haber mandado matar a su suegro Niccolò Borghese. Enemigo del Valentino, instigador y alma de la conjura de Magione (cfr. *cap. VII*), tuvo que huir de Siena durante dos meses, a causa de su gran enemigo; pero volvió pronto y, con la ayuda de Luis XII, intrigando contra uno o contra otro, siempre escapó por su astucia. Al morir, dejó el dominio a su hijo Borghese, que lo perdió muy pronto a manos del papa León X.

[122] Capitán de ventura, se apoderó con ayuda de los Medici de Cittá di Castello, de donde lo expulsó Sixto IV en 1474.

[123] Hijo de Federigo da Montefeltro, duque de Urbino desde 1482, expulsado en junio de 1502 por el Valentino, y, tras un breve retorno, huyó después de la destrucción de Senigallia (cfr. *cap. VII*). Guido Ubaldo, en lugar de fortalezas, quiso tener una corte magnífica y espléndida.

[124] Los herederos de Giovanni Bentivoglio, al volver al gobierno de Bolonia en 1511, destruyeron la fortaleza edificada por Julio II.

[125] Caterina Sforza Riario (cfr. *cap. III*), cuando los conjurados mataron a su marido, se encerró en la fortaleza con una estratagema, y esperó la ayuda de Ludovico el Moro, que le devolvió el poder.

[126] El pueblo se rebeló el 15 de diciembre de 1499; Caterina se encerró en el castillo, que asaltó el Valentino. El 12 de enero se tomó la roca y perdía el estado esa mujer de "grandísimo ánimo".

[127] Después de diez años de luchas, Granada cayó en poder de Fernando, y así conseguía la unificación de España (12 de enero de 1492).

[128] Los moros y judíos, convertidos al catolicismo, pero que seguían fieles a su antigua religión. La expulsión tuvo lugar en 1501–1502, con graves consecuencias económico-sociales para España.

[129] En 1509 Fernando ocupó la costa septentrional de África, desde Orán a Trípoli.

[130] Cfr. *cap. I y II*.

[131] En 1512, al mismo tiempo que la guerra de Italia o de la Santa Liga, Fernando comenzó las hostilidades con Francia en los Pirineos por la posesión de Navarra.

[132] Barnabò Visconti sucedió en el señorío de Milán al arzobispo Giovanni (1354), en compañía de Matteo y Galeazzo. Muerto Matteo, gobernaron los otros dos hermanos hasta que murió Galeazzo (1378). Barnabò permaneció en el gobierno hasta 1385, año en el que cayó prisionero, y su sobrino, Gian Galeazzo, le sucedió y ordenó envenenarlo. Figura conocida por su crueldad y su sagacidad política.

[133] Cfr. *cap. III*.

[134] "En relación a lo que éstos sostienen, o sea que no debéis entrometeros en la guerra, no hay nada más contrario a vuestros intereses; constituiréis el trofeo del vencedor, sin adhesión, sin dignidad." (Tito Livio, *Historias* XXXV, 48).

[135] Cfr. *cap. III.*

[136] En la guerra de la Santa Liga los florentinos no se atrevieron ni a sostener a Luis XII ni a aliarse con sus enemigos. Pero, al dejar que comenzara en Pisa el concilio promovido por los cardenales partidarios del rey de Francia contra Julio II, les cayó la excomunión; y, no habiéndose declarado abiertamente ni con unos ni con otros, vieron cómo la infantería española al mando de Raimundo de Córdoba, entraba en el territorio de la república, saqueaba Prato y abatía por fin el régimen republicano que no habían sabido mantener.

[137] Antonio Giordani de Venafro (1459–1530) enseñó derecho en el Estudio de Siena, luego fue juez del Consejo de las Reformas y por fin se convirtió en consejero de Pandolfo Petrucci.

[138] El presbítero Luca Rinaldi, embajador del emperador Maximiliano, que conoció Machiavelli en su legación al emperador.

[139] *Rey de Nápoles:* Federico I de Aragón (cfr. *cap. I). Duque de Milán:* Ludovico el Moro (cfr. *cap. III).*

[140] Se refiere a Filipo V, que en 197 a. C. (cfr. *cap. III, nota 11)* tuvo que quedarse únicamente con el reino de Macedonia.

[141] Cfr. *cap. XI.*

[142] Fernando quería recuperar las tierras de la costa adriática y jónica, que Venecia había conquistado en 1494 a Fernando II de Aragón.

[143] Cfr. *cap. VI.*

[144] El Valentino.

[145] La casa de los Medici, que tenía entonces Florencia, con Lorenzo, y el papado, con León X.

[146] "Justa es, en efecto, la guerra para los que les resulta indispensable, y sagradas las armas cuando sólo en éstas se deposita la esperanza." (Tito Livio, *IX, I).*

[147] Cesare Borgia y Francesco Sforza.

[148] Luchas. Recuerda el desafío de Barletta (1503).

[149] *Fornovo de Taro* (1495), donde Carlos VIII consiguió abrirse hueco entre el ejército de los aliados italianos; *Alessandria,* asediada en 1499 por los franceses, fue abandonada por el comandante de las tropas milanesas, Galeazzo da San Severino; *Capua,* que cayó en poder de los franceses en 1501, tras inútil resistencia; *Genova,* que tuvo que rendirse a Luis XII, tras un breve levantamiento, en la primavera de 1507; *Bolonia,* abandonada en 1511 por el legado pontificio, al ser tomada por las tropas francesas; *Mestre,* en donde se detuvo en el otoño de 1513 Raimundo de Córdoba con las tropas españolas para lanzar unos cañonazos contra Venecia. Sobre Vailà, cfr. *cap. III.*

[150] Cfr. *cap. III* y *XIII.*

[151] Es el cierre de la estrofa VI de la canción de Francesco Petrarca (1304–1374), *Italia mia, benché il parlar sia indarno* [Italia mía, aunque el hablar sea vano].

ÍNDICE

TÍTULOS DE LA COLECCIÓN